그림으로 보는 한국학

일러두기

• 이 책에 수록한 도판들은 한국민족문화의 특수성과 보편성을 부각시키는 데 적합한 자료들로 선정했습니다.

• 자료의 시대적 범위는 선사시대부터 1945년 광복 전후를 원칙으로 삼았습니다.

• 도판들은 실제 유물에 근거해 출판사에서 제작한 그림이며, 일부는 소장처나 개인 소장가, 사진작가가 제공한 사진을 수록하기도 했습니다.

그림으로 보는
한국학

지은이 **백태남·강병수**
감 수 **문명대**

다흘미디어

추천사

우리가 한국에 대해 알고 싶을 때

과연 한국은 어떤 나라일까. 한국인이라면, 한국을 알고 싶은 사람이라면 한 번쯤은 생각해 봤을 궁금증이다. 그런데 이런 의문을 속 시원하게 풀어 줄 책이 어떤 것이 있을까? 가장 손쉽게 생각할 수 있는 책은 한국사 개론서다. 선사시대부터 현대에 이르기까지 한국인이 살아온 흔적을 시대별로 설명한 책이다. 그런데 실제 이런 부류의 책은 일반 대중을 위해 집필했지만 전공하는 학자가 아닌 일반 사람들이 흥미를 갖기는 어렵다. 다행히 최근에는 생활사 책이나 쉽게 읽을 수 있는 대중서가 많이 나와서 좀 더 쉽고 흥미롭게 다가갈 수 있지만, 이런 책은 조선시대, 그것도 일부 내용으로 한정하고 있고, 한국 역사 전반을 다룬 책은 흔치 않다.

『그림으로 보는 한국학』은 한국 역사의 양태를 주제별로 쉽게 이해할 수 있는 안내서이다. 장별 제목을 보면, 한국의 거대한 담론에서 삶의 구체적인 내용까지 체계적으로 다뤘다. 첫 장이 "한민족, 그리고 하늘과 땅"이고, 끝 장이 "무대 위 해학과 풍류, 전통 공연예술"이다. 이런 짜임이 가능한 것은 집필자들이 평생 한국학중앙연구원(전 한국정신문화연구원)에서 한국의 삶과 역사를 조목조목 상세하게 설명하는 『한국민족문화대백과사전』을 편찬했기 때문이다. 이 추천사를 쓰는 필자 역시 백과사전의 편수연구원으로 참여한 바 있다.

방대한 백과사전을 만들려면, "지식체계"라 부를 수 있는 한국 역사와 문화의 전체적인 얼개를 짜는 일이 전제되어야 한다. 전체 얼개에서 단계별로 파생되는 얼개를 통해서, 백과사전에 수록되는 모든 항목을 뽑고 구성하는 것이다. 이러한 지식체계를 제안한 분은 당시 백과사전의 편찬부장이었던 한국학대학원 조동일 교수였다. 그는 편수연구원들과 머리를 맞대고 이 얼개를 짜는 작업을 해냈다. 이런 작업에 오랫동안 열중하다 보면, 한국의 역사와 문화를 커다란 얼개 속에서 바라보는 남다른 능력이 생기게 된다. 『그림으로 보는 한국학』의 얼개는 『한국민족문화대백과사전』의 지식체계에서 배태된 짜임인 것이다.

당시 백과사전을 만들 때 기존 백과사전과 차별화하는 전략으로 관련 이미지들을 최대한 많이 수록하는 것으로 정했다. 지금이야 이미지 많은 책이 색다른 것은 아니지만, 당시만 해도 나름 획기적인 발상이었다. 나는 '도판반'이라 불리는 부서에 근무하면서 사진작가와 함께 전국 각지의 박물관과 미술관을 다니면서 도판, 즉 이미지를 촬영했다. 가능한 한 이미지를 많이 수록한다고 해서 아무 기준도 없이 마냥 넣을 수 있는 것은 아니다. 중요도에 따른 선별작업이 필요한데, 당시 백과사전편찬부에서 도판 선정 기준을 작성했던 일이 기억난다.

『그림으로 보는 한국학』의 발간에 계기가 된 또 다른 책이 있다. 그것은 1970년 이훈종 교수가 펴낸 『국학도감』이다. 이 책은 기존의 문헌 위주의 역사를 보는 방식에서 이미지를 통한 역사를 보는 새로운 시각을 제시했고, 정치사와 경제사 위주의 역사에서 생활사에 대한 관심을 불러일으킨 역할을 했다. 최근에 역사학을 비롯한 인문학에서 '물질문화'의 이론이 성행하면서 이 책의 선구자적인 중요성이 높아졌다. 그림 속에 등장하는 인물이 입고 있는 복식, 사용하고 있는 도구, 배경에 놓여 있는 가구나 생활용품에 이르기까지 이름조차 모르는 것이 수두룩했다. 제일 먼저 그 궁금증을 해결한 책이 『국학도감』이었다. 아쉽게도 지금 이 책은 절판되었다. 다행히 『그림으로 보는 한국학』이 신판 국학도감의 역할도 겸하고 있다. 한국 문화를 이해하는 데 필요한 물건들의 명칭과 용도에 대해 간략하지만 친절하게 설명되어 있다.

『그림으로 보는 한국학』은 『한국민족문화대백과사전』의 대중적 요약본이다. 한국 역사를 압축한 여러 이슈와 시각 이미지의 아름다운 앙상블이다. 이러한 작업은 역사학자라고 할 수 있는 일은 아니라고 생각한다. 한국의 역사를 넓고 체계적으로 보는 안목이 필요하다. 한국학 중앙연구원 백과사전 편찬부장으로서 최종 사전의 출간을 이끌었던 백태남 선생과 초창기부터 백과사전편찬부에서 역사 분야를 맡아서 일했던 강병수 박사가 자연스럽게 이 책의 집필과 발간에 의기투합했다. 백태남 선생은 서울대학교 사학과 출신으로 한국의 역사를 간단한 사건으로 엮은 『한국사연표』를 낸 바 있고, 강병수 박사는 동국대학교에서 조선시대 실학의 연구로 박사학위를 받은 역사학자이다. 이 책은 한국에 대한 전반적인 궁금증을 쉽고 간결하게 풀어 주는 한국학의 친절한 안내서라고 생각한다.

2022년 7월
정 병 모
한국민화학교 교장·경주대학교 겸임교수

그림으로 보는 우리의 뿌리와 내일

역사, 언어, 정치, 사회, 문화, 경제, 지리 등 다양한 분야에 걸쳐 한국을 종합적으로 연구하는 것이 한국학이다. 우리의 입장에서는 '국학'이라 한다. 국학은 우리의 정체성을 확인하고 앞으로 나아가자는 함의를 담고 있다.

국학 연구의 역사는 조선 후기까지 거슬러 올라간다. 사회 현실에 관심을 가진 실학자들을 중심으로 민족의 전통과 문화에 대한 관심이 고조되면서 우리나라 역사, 지리, 국어 등을 연구하는 국학이 발달했다. 이들은 중국 중심의 역사관을 비판하고 상고시대부터 고려 말까지 민족사를 연구했으며, 각 지역의 자연환경과 풍속을 상세히 밝힌 지리책을 서술하고 백과사전을 편찬하는 등 국학 연구를 확대했다. 당시 이수광이 편찬한 『지봉유설芝峰類說』(1614년)은 우리나라 최초의 백과사전으로 꼽힌다.

이러한 국학 연구의 전통은 근대에도 이어져 개화사상을 꽃 피우고 일제강점기 애국계몽운동에 영향을 미쳤으며, 한국 문화가 세계의 중심에 가까워지고 있는 오늘날에도 중요성이 강조된다. 막연하게 우리 것이 좋고 우수하다고 내세울 것이 아니라, 사실에 근거해 진리를 탐구하는 '실사구시實事求是'의 태도로 우리의 뿌리가 무엇인지, 저력은 어디서 나온 것인지, 어떤 것을 계승 발전할 것인지 밝혀야 하기 때문이다.

이 책은 지난 1991년 『한국민족문화대백과사전』(전27권, 이하 '백과사전')을 편찬한 한국정신문화연구원(현 한국학중앙연구원) 출신 연구자 몇몇이 모여 이루어 낸 결과물이다. 우리 전통과 역사를 현대인들이 쉽고 재미있게 이해할 수 있도록 도감으로 만드는 데 뜻을 모았다.

당시 백과사전 편찬은 한민족의 모든 문화유산을 집대성해 민족의 자긍심을 높이고 새로운 문화 창조의 기틀을 마련한다는 취지였다. 본래는 완간 후에도 10년 정도의 주기로 새로운 사실을 발굴하고 누락된 것을 보완해 증보개정판을 내기로 했지만, 세월이 지나면서 편찬 실무에 참여한 연구자들도 현역에서 물러나고 초판이 '고서'가 되어 가는 참이었다. 이러한 현실을 몹시 아쉬워 하던 차에, 그림과 사진, 지도 등 도감을 통해 백과사전 발간 이후 새로운 연구 결과를 조사하고 반영할 수 있다면 한국학 이해에 작은 보탬이 될 수 있지 않을까, 다시 말하자면 '그림으로 보는 한국민족문화백과사전의 증보개정판'이 되지 않을까 생각했다.

이 책이 한국학의 모든 것을 빠짐없이 담은 것은 아니지만, 한국의 강역, 민족, 언어 등을 기본으로 정치, 경제, 과학, 가족, 의식주, 종교, 예술 등 각 분야에서 우리가 꼭 알아야 할 주제들을 선별했다. 내용의 시대적 하한은 1945년 광복 전후이다. 『한국민족문화대백과사전』이 가장 큰 참고가 되었고, 다수의 한국학 연구서들에도 의지했다.

  비록 작은 출판물이지만 최근의 연구 성과들을 종합 정리했다는 점에서 출간의 의미를 찾고자 한다. 이 책이 오늘날 우리가 도달한 번영을 돌아보고 더 밝은 미래를 기약하는 데 소중한 이정표가 되기를 바란다.

2022년 7월
백태남·강병수

목차

추 천 사   우리가 한국에 대해 알고 싶을 때 •4

프롤로그   그림으로 보는 우리의 뿌리와 내일 •6

1장 한민족, 그리고 하늘과 땅

농경하는 사람들, 한민족 • 18

나라를 세운 시조 이야기, 건국신화 • 19

한반도, 이 땅에 살어리랏다 • 20

— 더 알아보기 : 시대별 우리 영토, 어떻게 변했을까 • 21

한반도의 등뼈, 백두대간 • 22

— 더 알아보기 : 우리나라를 그린 고지도들 • 23

2장 문자와 글에 우리 혼을 담아

쇠와 돌에 새긴 글자, 금석문 • 26

손으로 옮겨 적은 책의 가치, 필사본 • 28

나무에 글자를 새기다, 목판본 • 29

— 더 알아보기 : 목판 인쇄는 어떻게 했을까 • 30

다량 인쇄의 혁명, 활자 • 31

— 더 알아보기 : 세계기록유산에 등재된 우리 고서들 • 32

백성을 받들어 가르치는 소리, 훈민정음 • 34

— 더 알아보기 : 조선의 언어학자, 세종대왕 • 35

옛 언어의 향연, 고전문학 • 36

— 더 알아보기 : 진정한 한글 소설의 출발, 『홍길동전』 • 37

3장 나라를 세우는 뼈대

왕권을 세우고 태평성대를 꿈꾸다 •40

나랏일의 중심지, 육조거리 •41

왕가를 잇는 자, 종묘를 모시어라 •42

　— 더 알아보기 : 우리 무형문화재의 으뜸, 종묘제례악 •44

사직단, 나라의 번창을 기원하다 •46

입신양명의 길, 관료 •47

문화 교류의 원류, 조선통신사 •48

　— 더 알아보기 : 조선 평화 외교의 기록, 통신사 행렬도 •49

4장 나라의 안과 밖을 지키다

외침에 맞서다 •54

나라를 지키는 골목, 성채 •56

　— 더 알아보기 : 여러 가지 성들, 다양한 축성술 •58

효심으로 쌓은 성곽, 수원화성 •60

조선의 군대 주둔지, 병영과 수영 •62

세상에서 가장 힘센 철갑선, 거북선 •63

먼 거리 싸움의 무기, 창과 활 •64

봉수, 햇불과 연기로 변경을 지키다 •66

5장 한국인의 가족과 삶

한국인의 가족과 친척 관계   • 70

귀한 자손을 얻는 법, 기자신앙   • 72

전통 성인식, 관례   • 74

— 더 알아보기 : 풍속화에 나타난 조선인의 일생   • 75

연지 찍고, 사모관대 차리고   • 76

은혜를 베푸는 나이, 회갑   • 78

— 더 알아보기 : 왕가의 통과의례는 무엇이 달랐을까   • 79

죽은 이를 보내는 예법, 상례   • 80

제례, 한민족의 조상 숭배   • 82

6장 옛사람들의 인재를 키우는 일

학동들의 배움터, 서당   • 86

선비들의 유일한 출세길, 과거   • 87

지방 인재들의 요람, 향교   • 88

사설 교육과 향촌 자치를 담당한 서원   • 90

조선의 국립대학, 성균관   • 92

근대교육, 독립운동을 이끌다   • 94

신체를 단련하다, 무술 무예   • 95

7장 옛사람들의 일과 경제

농사는 하늘의 뜻이다 • 100

　— 더 알아보기 : 농사의 애환, 공동체 의식으로 달래다 • 104

전쟁과 식용을 위한 축산 • 105

어업의 보고, 삼면의 바다 • 106

　— 더 알아보기 : 물고기 백과사전, 『자산어보』 • 108

연장과 기구의 장인, 대장장이 • 109

베틀 놓고 씨앗 잣고, 전통 방직 • 110

교환경제의 전문가, 보부상 • 112

투철한 상혼의 개성상인 • 113

하늘과 땅을 본뜬 상평통보 • 114

자와 되와 저울, 옛 도량형 • 116

8장 가마 타고 나룻배 띄우고

가마 타고 나들이하던 날 • 120

둥근 바퀴로 나아가다, 우차와 마차 • 122

한반도를 잇는 교통 통신망, 역참 • 124

파발, 중앙으로 지방으로 달리다 • 125

한강 뱃길을 이어 주는 나루터 • 126

　— 더 알아보기 : 임금이 행차하실 땐 '배다리' • 127

물 위를 떠다니던 여러 배들 • 128

9장 구전과 경험에서 실용의 과학으로

천문 관측의 선구, 첨성대 • 132
우리 고유의 전통 지닌 약학 • 134
'동국인에 맞는 의술' 한의학 • 136
— 더 알아보기 : 동양 의학의 보감, 『동의보감』 • 137
우리가 만든 역법서 『칠정산』 • 138
실생활에 널리 쓰인 과학 기구들 • 139
— 더 알아보기 : 조선의 대과학자 장영실 • 141

10장 자연과 어우러진 우리 건축

풍수지리로 설계한 한양도성 • 144
천년 궁궐을 짓다 • 146
— 더 알아보기 : 옛 국가들의 수도, 개경과 한양 • 148
불국토를 이룬 심산유곡의 사찰 • 152
— 더 알아보기 : 신라인이 그린 피안의 세계, 불국사 • 153
상상 속의 복원, 황룡사 구층목탑 • 154
아름다운 석탑의 나라 • 155
고승의 업적을 기리다, 부도 • 157
후세에 전하는 귀중한 사적, 비석 • 158
석등, 세상의 어둠을 밝히다 • 160
죽은 자의 안식처, 고분 • 162
오백 년 왕조의 영면, 조선 왕릉 • 164
— 더 알아보기 : 배산임수 터, 조선 왕릉 상설도 • 165
실용적이고 아름다운 다리 • 166
삶의 멋과 풍류, 누정 • 168

11장 온기가 깃드는 집, 한옥

한옥은 어떻게 지었을까 • 172

나뉜 듯 어우러지는 공간 구성 • 174

한옥의 완성, 지붕 • 176

— 더 알아보기 : 아름다운 지붕의 흔적들, 수막새와 치미 • 178

제주도는 바람도 많아, 돌담집 • 179

아름답고도 장엄하게, 단청 • 182

아름다운 한옥의 밀집, 한옥마을 • 183

12장 한식은 맛있다

한국인의 밥상 • 186

다양한 격식의 궁중 수라상 • 188

— 더 알아보기 : "임금이 수라를 젓수실 때" • 189

전통 명절 음식들 • 190

발효와 숙성의 미학, 김치 • 192

— 더 알아보기 : 한식의 맛은 '발효'에서 나온다 • 194

재래 부엌의 다양한 얼굴 • 196

13장 맵시를 입는 옷, 한복

용과 꿩을 새긴 왕가의 옷 • 200

신하의 예를 갖춘 옷, 관복 • 202

사대부의 예의는 두루마기에서부터 • 204

기능에 멋을 더하다, 관모 • 206

옛 여인들의 넉넉한 옷차림, 치마저고리 • 208

동심을 키우는 어린이 색동옷 • 210

한복의 끝 맵시, 당혜와 태사혜 • 211

14장 흥이 있는 우리 민속놀이

계절의 변화를 담은 풍속, 24절기 • 214

한 해의 첫날, 설날 맞이 • 215

― 더 알아보기 : 날아라, 우리 연 • 217

달 보며 소원 비는 대보름 • 218

마음을 밝히며 논다, 관등놀이 • 220

정겨운 단오 풍경, 씨름과 그네뛰기 • 221

더도 덜도 말고 한가위만큼만 • 222

놀면서 자라는 어린이 민속놀이 • 224

15장 나와 나라를 지키는 믿음, 한국인의 종교

일상을 지배한 사상, 유교 • 228

― 더 알아보기 : 삼강행실도, 충효와 부부애를 가르치다 • 229

신줏단지를 모시다, 가신신앙 • 230

'우리 마을'을 지키는 신앙 • 232

민간의 의식을 사로잡다, 무속신앙 • 234

불교, 국난 극복에 앞장서다 • 236

― 더 알아보기 : 불교의 세 가지 보물 간직한 한국 3대 사찰 • 238

― 더 알아보기 : 춤추는 불교 의식 • 240

스스로 나라를 지키는 힘, 민족 종교 • 241

기독교가 한국에 들어오기까지 • 242

― 더 알아보기 : '서양 오랑캐'를 배척한 절두산 순교지 • 243

16장 한국미의 절정, 전통미술

옛 무덤 안의 그림, 고분벽화 • 246

산과 물이 어우러지다, 산수화 • 247

우리 산천 정취 그대로, 진경산수화 • 248

풍속화, 서민의 생활상을 담다 • 249

행복하고 익살스런 그림, 민화 • 250

— 더 알아보기 : 길상화에 나타난 서수와 영물, 십장생 • 251

— 더 알아보기 : 세련된 구성미가 돋보이는 그림, 책가도 • 252

추사체, 꾸미지 않아 맑고 독창적인 • 254

불교미술의 걸작, 금동미륵보살반가사유상 • 255

— 더 알아보기 : 통일신라 조각의 신비, 석굴암 본존불과 십일면관음보살상 • 256

기능과 장식의 조화, 공예 • 258

— 더 알아보기 : 신라 예술은 찬란하다 • 260

17장 무대 위 해학과 풍류, 전통 공연예술

고요와 절제의 춤, 궁중무용 • 264

고이 접어 나빌레라, 승무 • 265

예와 악의 조화, 『악학궤범』 • 266

— 더 알아보기 : 향피리에서 편경까지, 갖가지 재료의 국악기 • 267

한민족의 음악언어, 판소리 • 268

연희와 풍자가 넘치는 우리 연극 • 269

— 더 알아보기 : 탈놀이, 평민의 고락을 함께하다 • 270

근대 우리 영화가 탄생하다 • 272

참고한 자료들 • 273

1장

한민족,
그리고 하늘과 땅

인간은 땅에 의지해 사는데, 특히 옛날에는 태양이나 날씨 등 하늘의 현상이 생존에 중요한 역할을 했기 때문에 자연스럽게 하늘과 땅을 신성시하는 천지인天地人 사상이 생겨났다.

우리 조상은 예로부터 '3'이라는 숫자를 중요시했는데, 예를 들어 무슨 일을 해도 세 번을 해야 되고, 신을 섬기려 해도 3신이 있어야 했다. 한민족의 시작을 알리는 단군 신화에도 환인桓因·환웅桓雄·단군檀君 등 3신이 나오고, 환인이 아들 환웅에게 인간 세상을 잘 다스리라며 준 천부인天符印은 3개이며, 환웅이 하늘에서 태백산(지금의 백두산)에 내려올 때 데려온 무리도 3천이었다. 이렇듯 3에 대한 애착은 자연스럽게 세상의 이치를 설명하는 이론의 원천이 되어 모든 사물이 천天(하늘)·지地(땅)·인人(사람) 세 가지 요소로 구성됐다는 천지인 사상으로 발전했다.

특히 인간이 터를 잡고 살아가는 땅의 자연환경에 따라 각 민족은 자기대로의 특수성을 살리며 발전시켜 왔는데, 우리 한민족도 나름대로의 고유한 언어와 풍속, 종교, 예술, 그리고 사회적으로 필요한 여러 제도를 창출하면서 민족적, 지역적 특수성을 지닌 문화를 발전시켜 왔다.

농경하는 사람들, 한민족

오늘날 지구상에는 여러 인종이 살고 있는데, 피부 색깔과 공통의 모양, 머리칼의 색깔과 조직 등 형질적 특징에 따라 몽골족·코카서스족·니그로족 등 세 인종으로 분류된다. 이 가운데 우리 한민족이 속한 몽골족은 처음에 알타이족과 함께 시베리아에 살다가 다른 유목 민족들의 이동을 따라서 몽골을 거쳐 중국 랴오닝성과 지린성을 포함하는 만주 지역과 한반도를 중심으로 한 동북아시아에 넓게 분포하여 살게 됐다.

알타이족에 의해 중국에 전파된 시베리아의 청동기 문화는 동북부 지방에서 한민족의 조상들이 꽃을 피웠는데, 본래 시베리아에서는 목축을 주로 하고 농경을 부업으로 삼았지만, 동북부 지방에 정착한 뒤로는 그 환경에 적응하여 농경을 주로 하면서 목축을 부업으로 하는 농경 문화를 발전시켰다.

이러한 현상이 한반도에 이르러서는 자연 환경에 따라 목축은 거의 힘쓰지 않고 농경을 위주로 하는 민족이 됐다. 농경에 필요한 청동기들을 만들어 청동기 문화를 발달시키면서 공동체 집단이 생겨 읍락국가를 형성하고 나아가 읍락국가의 맹주국으로서 고조선을 건국(서기전 2,333년), 정치적·사회적 공동체를 이룩함으로써 하나의 민족 단위가 성립됐다. 이후 한반도에는 여러 부족 연맹체가 생겨 각기 독자적인 발전을 도모하면서 새로운 문화를 이루어 나갔다.

한민족의 이동
유라시아 초원 지대에서 유목 생활을 하던 북방 민족이 한민족의 기원이라는 주장이다.

나라를 세운 시조 이야기, 건국신화

나라를 세운 시조를 중심으로 그 기원과 건국 내력 등을 신성화한 이야기를 건국신화라 한다. 우리나라에는 고조선의 건국신화를 비롯해 북부여, 신라, 고구려, 가락의 건국신화 등이 전한다.

우리나라 최초의 국가 고조선 시조 단군檀君에 관한 신화는 『삼국유사』에 처음 나온다. 천제天帝 환인의 아들 환웅이 태백산 신단수神檀樹 아래 무리 3천 명을 이끌고 내려와 신시神市를 세워 나라를 다스릴 때, 사람이 되기를 원하는 곰과 호랑이에게 쑥과 마늘을 주며 백 일 동안 햇빛을 보지 말고 동굴 속에서 생활하라고 했지만 21일을 견딘 곰만 웅녀熊女가 되어 환웅과 결혼해 단군을 낳았고, 그 단군이 고조선을 세웠다는 내용이다.

북부여의 시조인 해모수解慕漱는 만주 지방의 흘승골성訖升骨城에 도읍을 정한 뒤 천제라 자칭하고 북부여를 세우고 하백河伯의 딸 유화柳花와 정을 통해 고구려 시조인 주몽朱蒙을 낳았다고 한다. 유화가 낳은 알에서 나온 주몽의 성은 고씨高氏이며 7세부터 이미 활을 잘 쏘아 이름을 주몽이라 했다고 한다.

한편, 한반도 남쪽에서 신라를 건국한 박혁거세朴赫居世는 알에서 탄생하여 왕위에 오르고 용의 옆구리에서 나온 알영閼英과 결혼했다고 하며, 가야국의 시조 김수로왕金首露王은 하늘로부터 구지봉龜旨峯에 내려와 나라를 세웠다고 전한다.

단군
고조선의 첫 임금.
국조로 받들고 있다.

한반도, 이 땅에 살어리랏다

아시아 대륙의 동북 연해안 중심부에서 동남쪽으로 뻗은 한반도는 면적이 약 22만㎢이다. 반도부의 남북간 최장 길이는 함경북도 온성군 북단부터 전라남도 해남군 남단까지 약 1,020㎞로, 예로부터 '삼천리 금수강산'이라 일컬어 왔다.

역사적으로 볼 때 현재의 국토는 10세기 초 발해가 멸망하며 중국 동북 지방의 강역을 상실한 뒤 줄곧 한반도와 그 부속 섬으로 삼아 왔다.

과거 우리나라는 조선·고려·삼한 등 여러 가지 국호를 가진 바 있으나 한국을 일컫는 외국어 '코리아Korea'는 고려에서 유래한 말이다. 이 밖에도 우리나라는 동국東國·진국震國 등의 별칭이 있었고, 특히 국화인 무궁화와 관련하여 근역槿域이라 불리기도 했다.

우리나라에 처음 들어온 지도는 17세기 초의 〈곤여만국전도坤與萬國全圖〉인데, 중국 명나라에 와 있던 이탈리아의 선교사가 제작한 것이다. 이후 19세기 중엽에 와서야 비로소 김정호金正浩의 〈대동여지도大東輿地圖〉를 비롯한 각종 지도가 선보여 우리 국토의 모습을 확인할 수 있게 됐다.

삼한
상고시대 한반도 중남부에 형성된 3부족 사회. 마한은 지금의 경기·충청·전라도, 진한과 변한은 경상도 지역에 비정된다.

고조선
우리 민족 최초의 국가. 한반도 북부와 요동 지역에 걸쳤다.

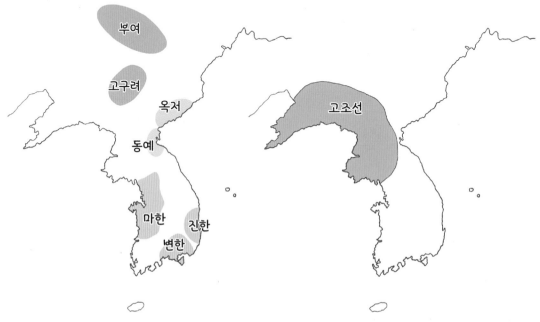

시대별 우리 영토,
어떻게 변했을까

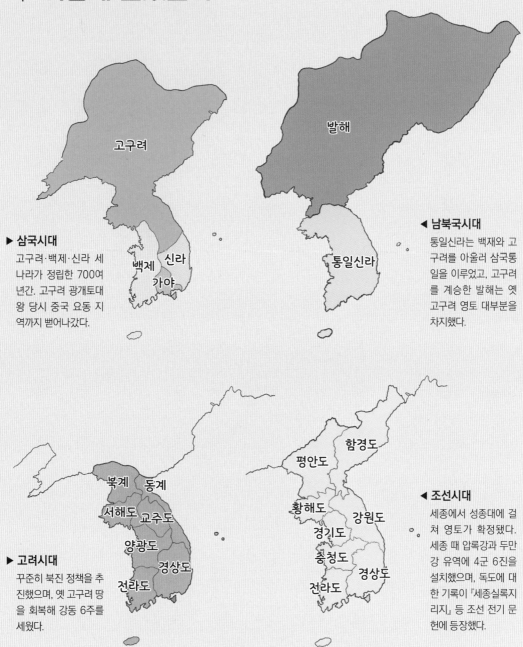

▶ 삼국시대
고구려·백제·신라 세 나라가 정립한 700여 년간. 고구려 광개토대왕 당시 중국 요동 지역까지 뻗어나갔다.

◀ 남북국시대
통일신라는 백재와 고구려를 아울러 삼국통일을 이루었고, 고구려를 계승한 발해는 옛 고구려 영토 대부분을 차지했다.

▶ 고려시대
꾸준히 북진 정책을 추진했으며, 옛 고구려 땅을 회복해 강동 6주를 세웠다.

◀ 조선시대
세종에서 성종대에 걸쳐 영토가 확정됐다. 세종 때 압록강과 두만강 유역에 4군 6진을 설치했으며, 독도에 대한 기록이 『세종실록지리지』 등 조선 전기 문헌에 등장했다.

한반도의 등뼈, 백두대간

우리나라 국토는 하나의 큰 산줄기를 경계로 동서로 크게 갈라지는데, 그 산줄기 명칭이 백두 대간이다.

백두대간은 백두산에서 시작돼 동쪽 해안선을 끼고 남쪽으로 흐르다가 태백산 부근에서 서 쪽으로 기울어 남쪽 내륙 지리산까지 이르는 거대한 산줄기로, 우리나라 땅의 등뼈가 되고 있다.

이 백두대간을 이루는 주요 산은 기점인 백두산부터 시작해 두류산, 황초령, 철옹산을 거쳐 대동강을 지나 추가령에서 금강산으로 구부려져 설악산, 오대산, 대관령을 거쳐 태백산으로 내 려온다. 이곳에서 낙동강의 본줄기를 따라 남서쪽으로 내려와 소백산, 죽령, 속리산으로 뻗어내 려 한강과 낙동강을 남북으로 가르면서 추풍령, 덕유산을 거쳐 내려오다가 금강의 동쪽에 분 수산맥을 형성하며 섬진강의 동쪽 분수령인 지리산으로 이어지면서 백두대간이 끝난다.

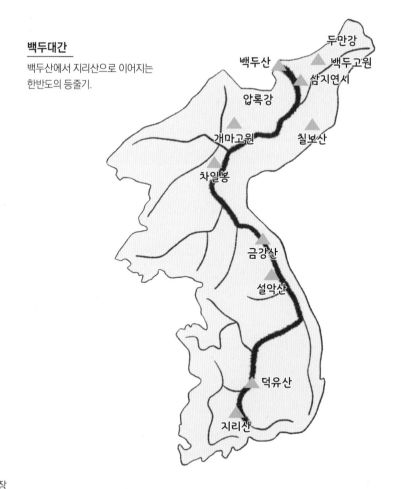

백두대간
백두산에서 지리산으로 이어지는
한반도의 등줄기.

| 우리나라를 그린 고지도들

우리나라 모습을 처음 지도로 나타낸 것은 1402년(태종 2년)에 김사형金士衡 등이 그린 〈혼일강리역대국도지도混一疆理歷代國都之圖〉이다. 이는 동양에서 가장 오래된 세계지도이다. 여기서 우리나라 모습의 특징을 살펴보면, 한반도의 모습을 비교적 정확히 알고 있었으며, 압록강은 거의 동서 방향으로 흐르게 나타냈으나 두만강의 유로는 자세히 나타내지 못했다. 한강과 낙동강의 하천 흐름은 현재와 거의 같으나 압록강과 두만강, 대동강은 유로가 간략하며, 지형 표시는 태백산맥과 소백산맥, 낭림산맥 등은 산줄기를 표시했지만 백두산과 지리산 등은 글자만 썼다는 점이다.

1557년(명종 12년)경 제작된 것으로 보이는 〈조선방역지도朝鮮邦域地圖〉는 1463년(세조 9년)에 제작된 〈동국지도東國地圖〉 계통의 지도로 우리나라 전체 모습을 나타낸 전도이다. 또 〈동국여지승람東國輿地勝覽〉에 수록돼 있는 〈팔도총도八道總圖〉는 윤곽이 부정확하고 동서와 남북의 길이가 맞지 않으나 각지의 진산鎭山을 표시해 둔 것이 특이하다.

17세기 이후에는 자세한 대축척 지도의 발달이 현저했다. 김정호이 〈청구도靑丘圖〉나 〈대동여지도〉는 모두 50만분의 1 이상의 축척으로 여러 장을 연결하여 조선전도가 되도록 만든 데 그 의의가 있다.

1820년대에 들어와 제작된 〈해좌전도海左全圖〉는 우리나라 전도로서 가장 널리 보급된 지도이다.

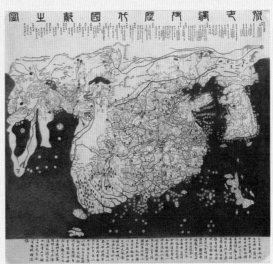

▲ 〈혼일강리역대국도지도〉
아프리카가 온전히 그려진 지도는 이것이 최초이다.
제공_ 유남해

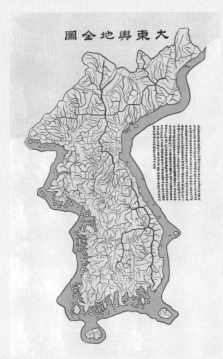

◀ 〈대동여지도〉
김정호가 만든 전국 지도첩.

2장

문자와 글에
우리 혼을 담아

우리나라는 우리글인 훈민정음이 만들어지기 전에는 주로 중국의 글자인 한자를 사용했는데, 공식적으로는 6, 7세기경에 중국과의 외교문서가 오갔고 일반인들도 사용하기 시작한 것으로 보인다.

그러나 한자는 한국어 중심으로 생각할 경우 문자와 언어가 일치하지 않기 때문에 백성들의 실생활에서 많은 어려움이 발생했다. 여기서 설총薛聰이 한사의 음과 뜻을 빌려 우리말을 적는 표기법인 이두吏讀를 만들었다는 기록이 전한다.

한글은 세종대왕이 우리말을 표기하기 위해 창제한 훈민정음을 말한다. 훈민정음은 앞 단계의 어떤 다른 문자를 변형시켜 만든 것이 아니라 새로이 창안해 만든 글자이다. 그 제자 원리가 과학적이고 조직적이며, 매우 독창적이다. 이러한 우리글을 쓰기 시작하며 참된 우리 역사시대가 열렸고, 참된 국문학이 시작됐다. 따라서 훈민정음 창제는 우리 겨레 역사상 가장 중요한 시기를 긋는 업적이라 할 수 있다.

한편 문학의 발달을 보면, 고대 향가의 하나인 「헌화가」로부터 「가시리」, 「관동별곡」, 『홍길동전』, 『구운몽』, 『혈의 누』 등 각 시대를 대표하는 작품들을 창작해왔다.

쇠와 돌에 새긴 글자, 금석문

우리나라에서는 중국의 영향을 받아 쇠[金]와 돌[石]에 새긴 글씨 또는 그림, 즉 금석문金石文이 발달했다. 이 금석문은 그 당시 사람의 손으로 직접 제작된 것이므로 가장 정확하고 진실한 역사적 자료가 된다.

우리나라의 청동기시대에는 그림을 새긴 청동기는 몇 점 있으나 문자를 사용한 자료는 아직 발견되지 않으며 훈민정음 창제 후에도 한자를 주로 썼기 때문에, 현재 금석문에는 돌에 한자를 새긴 석문石文이 주종을 이룬다.

석문 중에도 고대의 것으로 석벽에 새긴 것이 약간 보이나, 비갈碑碣 즉 기적비·탑비·묘비·묘지 종류가 대부분을 차지한다. 한편 금문金文으로는 종鐘이나 불기佛器에 글자를 새긴 것이 많다.

이 금석문은 각 시대와 연대에 따라 글씨의 변천을 연구할 수 있고, 그 내용은 사료로서 중요한 가치를 가진다. 특히 신라와 고려시대의 탑비는 불교사 연구에 유일한 자료가 되며, 고려시대의 많은 묘지는 고려사 자료를 보충하고 시정하는 데 큰 역할을 한다.

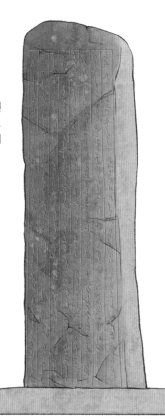

광개토대왕릉비
중국 지린성 지안현 퉁거우에 세워진 고구려 제19대 광개토대왕의 능비. 고구려의 건국 신화, 정복 활동 등이 기록돼 있다.

광개토대왕릉비 탁본

◀ 울주 천전리 암각화 기하문
길이 9.5m, 높이 2.7m의 암각화. 청동기부터
신라시대에 걸쳐 여러 문양들이 새겨져 있는
암각화이다. 신라 세선화와 명문 등을 볼 수 있다.

▶ 사택지적비
백제 의자왕 때 활약한 사택지적이
남긴 비. 백제 최고위직을 지낸 귀족이
남긴 중요한 금석문 자료이다.

◀ 동화사 비로암 삼층 석탑 납석 사리호
신라 경문왕 3년에 동화사에서 만들어진 납석
사리호. 명문에 민애대왕에 대한 소개와 경문
왕이 민애대왕을 위해 탑을 건립한 내용이 기록
돼 있다.

▶ 통제이공 수군대첩비
임진왜란 때 이순신의 전공을
기리기 위해 세운 비. 비문은 당대 명사인
이항복이, 글씨는 명필 김현성이 썼다.
'좌수영대첩비'라고도 한다.

◀ 칠장사 혜소국사비 탁본
칠장사를 중창한 고려시대 고승 혜소국사의
업적을 기리기 위해 세운 비석의 탁본이다.
조각이 깊고 선명하며 장식이 화려하다.

손으로 옮겨 적은 책의 가치, 필사본

필사본은 주로 붓을 이용해 종이나 비단에 써서 만든 책으로, 서사본書寫本·선사본繕寫本·초본 鈔本·녹본錄本이라고도 한다. 서적의 발달사적 시각에서 보면 문자가 생겨 글자를 쓰기 시작하 자 가장 먼저 등장한 것이 필사본이었으며, 이는 시대적으로 오래 지속됐다.

　필사본 중 저자 또는 편자가 처음으로 쓴 책을 고본稿本 또는 초본草本·초고본草稿本·원고본 原稿本이라 하는데, 이 고본은 문헌 또는 사료로서 일차적인 가치를 지닌 자료라는 점에서 가장 중요시된다. 고본 가운데서도 저자 또는 편자가 직접 손으로 쓴 것은 수고본手稿本이라 해서 더 욱 중요시한다.

　이 고본을 베껴 쓴 책은 전사본傳寫本 또는 전초본傳鈔本·이사본移寫本이라 하는데, 문헌 또 는 사료로서의 가치가 별로 없는 자료이다. 그러나 전사본만 유일하게 전래되고 있는 경우, 간본 이 없는 저작으로서 내용 가치가 있는 경우, 저명한 학자의 교정이 가해진 경우 등은 중요한 구 실을 하므로 전사본 감식에 주의가 필요하다.

　한편 바탕이 되는 책을 옆에 놓고 한 글자 한 글자 보면서 그대로 모방하여 옮겨 쓴 책은 임 모본臨模本 또는 임본臨本·임사본臨寫本이라 한다. 우리나라에서도 서법을 배우기 위해 만든 교 재는 거의 명필가의 글씨를 임모한 것이며, 그 체재도 원본의 고서 체재를 많이 따르고 있다.

조선 후기의 손 편지
조선 영조 때 실학자 안극이 아들 안정복과 며느리에게 보낸 안부 편지. 아들에게는 한문으로, 며느리에게는 한글로 써보냈다.

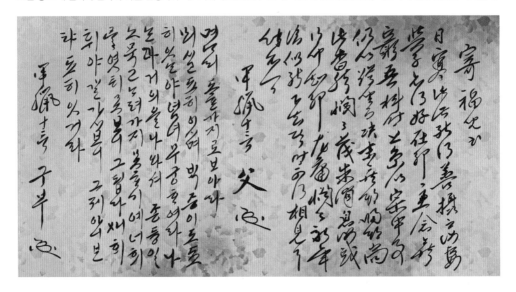

나무에 글자를 새기다, 목판본

목판본은 어떤 저작물의 내용을 나무에 새겨 찍어 낸 책을 말한다. 목판본을 만들기 위해서는 먼저 판목을 마련해야 하는데, 주로 대추나무·배나무·가래나무·박달나무·자작나무·산벚나무·후박나무 등이 많이 사용됐다.

판목이 선택되면 적당한 크기와 부피의 나무판으로 켜서 물에 담가 두는데, 이 물은 바다의 염수가 좋지만 웅덩이 물에 담그거나 큰솥에 쪄내서 찬물에 담가 식힌 후 사용한다. 일정한 기간이 지나면 물에서 끄집어내서 충분히 건조시켜 썩거나 뒤틀리지 않게 한 다음 판면을 판판하고 반들반들하게 대패질을 한다.

다음 간행하고자 하는 저작의 내용을 담을 알맞은 크기의 판식 용지를 마련해 한 벌 깨끗이 정서해내는데 글씨는 명필가나 달필가가 쓴다. 이처럼 판각용 정서본이 마련되면 판목 위에 뒤집어 붙이고 글자와 그림을 볼록 새김한다. 판목에 새길 때는 주로 양면에 새기지만 한 면에 새겨진 것도 있다. 이와 같이 글자 또는 그림이 새겨진 판목을 목판木板·책판冊板·각판刻板이라 부르며, 불경이나 불서인 경우는 경판經板이라고 한다.

우리나라 국보(제126호)인 『무구정광대다라니경無垢淨光大陀羅尼經』은 세계에서 가장 오래된 목판 인쇄물로, 불국사 석가탑 사리함에서 1966년 발견됐다. 751년(경덕왕 10년)에 인출印出한 것으로, 중국 『금강반야바라밀경』(868년)이나 일본 『백만탑다라니경』(771년) 보다 앞선다.

판식의 명칭

목판 인쇄는 어떻게 했을까

우리나라에서 다량의 문서나 그림, 서적을 출판하기 위해 발명한 인쇄술의 시초는 목판 인쇄에서 비롯됐다. 그 최초의 것은 경주 불국사 석가탑에서 나온 『무구정광대다라니경』(신라 경덕왕 10년 간행)으로 판명됐다.

이후 고려조에 들어와 불교가 국가적 종교로 보호를 받으면서 진흥책이 더욱 강화되자 불교 서적의 판각이 성행했다. 현전하는 것으로 『일체여래심비밀전신사리보협인다라니경一切如來心秘密全身舍利寶篋印陀羅尼經』(1007년)을 비롯해 11세기 초에 새겨낸 『초조대장경初雕大藏經』과 『속장경續藏經』, 그리고 몽골의 침입을 부처의 힘을 빌려 물리치고자 1236년(고종 23년)부터 16년간 판각한 『팔만대장경八萬大藏經』이 있다.

목판 인쇄의 과정은, 우선 나무판에 글자를 일일이 새긴 후 찍고자 하는 목판의 글자가 위로 향하도록 평평하게 놓고 먹솔이나 먹비로 먹물을 골고루 칠한 후 그 위에 종이를 놓고 말총이나 털 뭉치로 만든 도구로 고루 문질러 초벌을 인출해 낸다. 먹은 주로 목판에 잘 묻고 인쇄가 잘 될 수 있는 송연먹을 사용한다. 초벌 인쇄물이 나오면 붉은색이나 남색으로 교정을 보아 잘못된 곳을 수정한 후 필요한 부수대로 인출하며, 인출이 끝나면 목판은 나무상자나 바람이 잘 통하는 높은 누각에 보관한다.

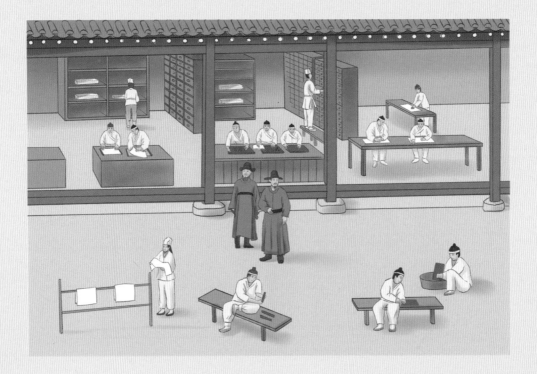

다량 인쇄의 혁명, 활자

활자는 다량 인쇄를 하기 위해 찰흙이나 나무, 쇠붙이 등의 재료를 사용하여 만든 글자이다. 각종 크기의 모나고 판판한 일면에 특정 문자와 기호를 볼록 새김하거나 주조한다. 종전에 유행하던 목판 인쇄는 글자를 하나하나 새겨 찍어내기 때문에 비용과 시간이 너무 많이 소요되자 경제적이고 간편한 인쇄 방법이 모색되기 시작해 중국 북송 때인 1041~1048년에 고안된 것이 지금의 활자였다.

우리나라에서는 1234년에 『고금상정예문古今詳定禮文』을 금속활자로 찍어냈다는 기록이 있어 우리나라 최초의 활자본으로 추측된다. 금속활자가 크게 발달한 조선시대에는 1403년(태종 3년) 주자소가 설치돼 동활자인 계미자癸未字가 주조됐고, 세종 때에는 경자자庚子字와 갑인자甲寅字가 주조됐다. 최근까지 많이 사용하던 납활자는 1880년에 일본으로부터 들여와 신문과 서적을 간행하는 데 널리 이용했다.

한편, 고려 우왕 3년(1377년)에는 목활자를 사용한 서적이 출판됐고, 조선시대에 들어와서도 널리 활용되다가 임진왜란 후 금속활자 주조가 여의치 않아 목활자가 이를 대신하는 상황이 되기도 했다. 활자는 질그릇을 만드는 차진 흙을 사용하여 만들기도 했는데, 우리나라에서는 18세기에 처음 도활자를 사용했다는 기록과 실물 서적이 전하고 있다.

▶ 민간 목활자

조선 순조 때부터 일제강점기까지 주로 민간 인쇄물을 찍어내는 데 사용한 나무 활자이다. 호남 지방에서 제작, 그 일대에서 비용을 받고 민간이 필요로 하는 인쇄물을 찍어냈던 것으로 보인다.

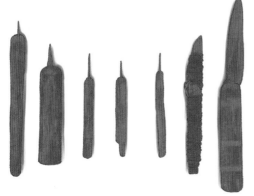

◀ 민간 인쇄물에 사용된 인쇄 용구

조각칼 2개, 송곳 5개, 실톱 2개, 대젓가락 7벌, 먹솔 1개, 먹판 1개, 고리짝 1개 등이 남아 있다.

세계기록유산에 등재된 우리 고서들

유네스코에서는 인류 대대손손 길이 보존할 만한 기록물을 세계기록유산으로 지정하여 귀중한 문화재로 보호하고 있다. 때문에 이전 세대의 사람들이 어떤 생각으로 어떤 글들을 전하려 했을지 생각하며 성심성의껏 보호할 의무가 있다.

이러한 세계기록유산은 독일이 24건으로 세계에서 가장 많이 지정돼 있으며, 우리나라는 16건으로 세계 4위, 아시아 1위를 차지하고 있다. 아시아에서 중국은 13건, 일본은 7건이다(2022년 기준).

우리나라 세계기록유산 중 근현대의 기록물은 제외하고 역사적으로 중요시되는 기록물 내용을 약술하면 다음과 같다.

훈민정음訓民正音 해례본解例本

1446년(세종 28년)에 훈민정음 28자를 세상에 반포할 때 찍어낸 판각 원본.

난중일기亂中日記

조선 임진왜란(1592~1598년) 때 이순신 장군이 쓴 진중일기로, 총 7책 205장의 필사본으로 엮여 있다.

조선왕조실록朝鮮王朝實錄

조선 태조 때부터 철종 때까지 25대 472년 동안의 역사적 사실을 편년체로 쓴 역사서이다. 고종과 순종 실록은 일제강점기에 일본인들이 주관해 편찬했기 때문에 포함시키지 않는다.

승정원일기承政院日記

조선시대 왕명을 출납하던 승정원에서 취급한 문서와 사건을 기록한 일기. 임진왜란과 병자호란 때 다 소실되고 오늘날 전하는 것은 인조 원년부터 고종 31년까지 272년간의 것이다.

동의보감東醫寶鑑

조선 의관 허준이 1610년에 완성한 의서이다. 임상의학적 방법에 따라 진단과 처방을 내린 내용으로 동양에서 가장 우수한 의학서의 하나로 평가된다.

일성록日省錄

1760년 1월부터 1910년 8월까지 조정과 내외의 신하에 관해 기록한 일기. 임금의 일기 형식을 갖추었으나 실제는 정부의 공식 기록이다.

직지심체요절直指心體要節

1372년에 백운화상이 불교의 여러 경전과 법문에 실린 내용 가운데 중요한 구절만 뽑아 편집한 불교서.

대장경판大藏經板 및 제경판諸經板

해인사에 보관되어 있는 81,258판의 팔만대장경과 1098년부터 1958년까지 수집 정리한 불교 경전과 역사, 계율, 연구논문, 고승의 문집, 판화 등 5,987판으로, 아시아에서 가장 완벽한 형태의 불교 경판으로 알려져 있다.

조선왕조 의궤儀軌

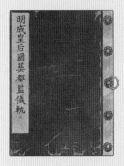

의궤는 나라에서 큰일을 치를 때 그 일의 처음부터 끝까지의 경과를 자세하게 적은 책을 말한다. 조선왕조 의궤는 왕실의 주요 행사를 기록한 것으로 세계 유일의 의궤로 평가받는다.

유교책판儒敎冊版

조선왕조 시절 718종의 서적을 간행하기 위해 목판에 판각한 책판으로, 영남 지방을 중심으로 305개 문중과 서원에서 기탁한 총 64,226장으로 이루어져 있다.

백성을 받들어 가르치는 소리, 훈민정음

훈민정음은 '백성을 가르치는 바른 소리'라는 뜻으로, 여기서 소리는 글자와 통한다. 1443년 (세종 25년)에 창제하고 1446년에 반포했는데, 이때는 28자를 사용했지만, 현재는 24자를 사용하고 있다.

훈민정음을 창제한 세종대왕은 우리 역사뿐 아니라 세계 인류 역사상 드물게 볼 수 있는 성군이었다. 백성을 널리 사랑하고 백성의 어려운 생활에 관심을 가져 백성을 본위로 한 왕도의 정치를 베풀었다. 특히 민중이 글자 없는 생활로 인간으로서의 권리도 제대로 찾지 못하는 것을 마음 아프게 여겼다. 전부터 사용하던 한자는 우리 민족의 것이 아닌 남의 글이어서 한자를 빌려 우리말을 적는 구결口訣이나 이두 같은 것도 일부 사용해봤지만, 이것 역시 마음대로 자기 뜻을 전하기에는 한계가 있었다. 이에 세종대왕은 연구에 연구를 거듭하여 세계 역사에 자랑할 수 있는 독창적인 글자를 창제한 것이다.

「훈민정음 언해본」

훈민정음 해례본의 한 종류. 훈민정음의 서문인 '어제御製'와 본문인 '예의例義' 편만 한글로 풀이한 책이다.
한글 창제 원리를 밝히고 있으며 중세 한국어의 모습을 볼 수 있다.

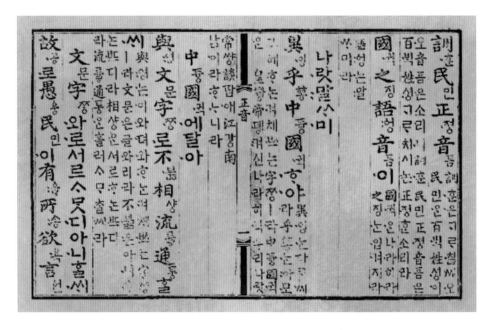

조선의 언어학자, 세종대왕

세종대왕은 훈민정음 창제 과정에서 일국의 왕이 아니라 언어학자와 같은 노력을 기울인 것으로 알려진다. 세종대왕이 백성을 위해 훈민정음을 제정했다는 사실은 역사적으로 증명돼 왔지만, 근원과 유래에 대해서는 범어梵語 기원설, 고대문자설, 파스파Phags-pa 문자설 등이 제기된 바 있다. 그런데 1940년 발견된 『훈민정음 해례본』에서 "사람의 혀와 이, 목구멍 등 발음기관의 모양을 본떠서 만들었다"는 내용이 밝혀지면서 한글이 독창적으로 제정된 사실이 정설이 됐다.

훈민정음 제정에는 당시 대궐 안에 설치한 학문 연구소인 집현전集賢殿 학사들의 공헌이 컸다고 생각할 수 있으나, 1443년(세종 25) 세종대왕이 한글을 창제할 때까지 집현전 학사들은 그 사실을 모르고 있었으며, 심지어 중국의 한자를 버리고 훈민정음을 쓰는 것은 부당하다고 상소한 자들도 있었다. 하지만 『세종실록』 1443년 12월 30일 자 기록에 "이 달에 임금이 친히 언문 28자를 지었는데…"라는 기록이 있어 훈민정음은 세종대왕 주관으로 거의 혼자 제정한 것이 확인됐다.

사실 세종대왕은 훈민정음 제정 사실을 대외비로 하고 자녀들인 문종과 수양대군, 안평대군을 동원하여 도움을 받았으며, 스스로는 집현전에 있는 문자에 대한 서적은 모조리 읽고 공부했다고 한다. 또 문자의 기본 원리와 법칙, 변화, 발음에 관해 연구했으며, 그래도 의문점이 생기면 중국 명나라에 사람을 보내 그곳 학자들에게 자문을 구하고 언어 관련 서적을 구해 오도록 해서 그 내용을 연구하고 분석했다. 훈민정음 창제 후 반포하기까지 3년 동안에는 종성 표기 규정이나 한자음 표기 등 세부적인 내용을 보완하는 일련의 연구 활동을 했다고 한다.

◀ 『용비어천가』
조선왕조의 창업을 칭송한 서사시. 훈민정음으로 쓴 최초의 작품이다. 목판본으로 전하지만, 세종 때 초간본은 활자본으로 추정된다.

◀ 『월인천강지곡』
세종이 소헌왕후의 명복을 빌기 위해 지은 한글 찬불가. 석가모니의 일대기를 시 형식으로 읊었다. 불교 문학이 국문으로 자리 잡은 계기가 된 작품이다.

▲ 세종대왕
한글 창제뿐 아니라 과학 기술, 예술, 문화, 국방 등 다양한 분야에서 업적을 남겼다.

옛 언어의 향연, 고전문학

고전문학은 예로부터 전해 내려오는 가치 있고 훌륭한 문학으로, 일반적으로 고전으로서 전해 오는 문학작품을 일컫는다. 시대적으로는 1894년에 일어난 갑오경장 전의 작품을 이르며 근현대문학과 구분되고 있다.

고전문학의 범주는 구비문학과 한문학, 그리고 국문문학을 포괄하는데, 구비문학에는 설화·민요·무가·판소리·민속극 등이 있으며, 한문학은 한문으로 쓴 시와 산문을 말한다. 한시漢詩는 612년(영양왕 23년) 고구려의 살수대첩 때 을지문덕乙支文德 장군이 중국 수나라 장군 우중문에게 전략적으로 전한 「유우중문시遺于仲文詩」와 1193년(고려 명종 23년) 이규보李奎報가 지은 「동명왕편東明王篇」이 대표적으로 전해 온다.

고전문학의 본령이라고 할 수 있는 고전 국문문학에는 상고시대의 고대 가요를 비롯한 향가·고려가요·경기체가·시조·악장·가사 등의 시가들이 있다. 이 중 향가鄕歌는 한자를 이용해서 국어를 표기하는 향찰鄕札이 창안되면서 나타난 시가로, 백제 서동薯童의 〈서동요薯童謠〉, 신라 융천사融天師의 「혜성가彗星歌」, 충담사忠談師의 「찬기파랑가讚耆婆郎歌」, 월명사月明師의 「제망매가祭亡妹歌」와 「도솔가兜率歌」, 득오得烏의 「모죽지랑가慕竹旨郎歌」, 광덕廣德의 「원왕생가願往生歌」 등 많은 작품들이 전한다.

또한, 우리의 고유 문자인 한글을 가지고 우리의 예술적 정서를 나타낸 허균許筠의 『홍길동전洪吉童傳』을 시초로 김만중의 『구운몽九雲夢』과 『사씨남정기謝氏南征記』가 있고, 이 밖에도 『인현왕후전仁顯王后傳』과 『한중록閑中錄』 등 한글로 쓴 궁중소설이 전한다.

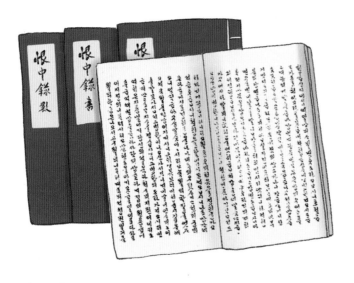

한중록

1795년(정조 19년) 혜경궁 홍씨가 지은 회고록. 전체 4편으로, 제1편은 작자의 회갑 해에 썼고 나머지 세 편은 어린 왕 순조에게 보이려는 정치적 목적으로 썼는데, 궁중 풍속이 세세하게 나타나는 등 사료적 가치가 높다.

진정한 한글 소설의 출발, 『홍길동전』

『홍길동전』은 17세기 초인 조선 광해군 때 허균이 지은 우리나라 최초의 한글 소설이다. 뛰어난 재능에도 재상가의 서얼로 태어난 탓에 천대받던 홍길동이 집을 나와 활빈당이라는 집단을 결성해 관아와 해인사 등을 습격하다가 율도국이라는 이상향을 건설한다는 내용. 당시 사회제도의 결함, 특히 적자와 서자의 차별을 타파하고 부패한 정치를 개혁하려는 의도로 지은 사회소설이다.

『홍길동전』이 발표되기 전까지 소설은 백성들이 읽지도 쓰지도 못하는 한문으로 되어 있었고, 한글은 180여 년 전 이미 훈민정음이 반포됐음에도 불구하고 '언문諺文' 즉 상말이라 하여 부녀자나 천한 백성들이나 읽는 글로 천대받고 있었다. 때문에 지배층 양반의 언어였던 한문은 하나의 권력이었으며, 한문을 알지 못하는 백성들은 문화를 즐길 수도 누릴 수도 없었다.

이것이야말로 차별이라는 것을 잘 알았던 허균은 『홍길동전』을 지어 일반 백성들까지 널리 읽게 했으며, 이런 점에서 『홍길동전』은 진정한 한국 소설의 출발점이라 할 수 있다. 지은이와 지은 연대가 밝혀진 작품으로 연구 자료로도 훌륭한 가치를 지니는 작품이다.

▼ 『홍길동전』
만민평등사상을 담은 최초의 한글 소설. 원본은 발견되지 않았으며, 다수의 판각본과 필사본이 전한다. 그림은 승운법乘雲法을 행하며 탐관오리들을 응징하는 내용을 표현한 상상도이다.

3장

나라를 세우는 뼈대

어느 시대나 나라를 세우고 발전시키는 데는 여러 분야 중 정치가 최우선이었다. 정치란 '나라를 다스리는 일'로 국가의 권력을 얻어 유지하며 행사하는 행위로서 국민들이 인간다운 삶을 영위하게 하고 상호 간의 이해관계를 조정하며, 사회질서를 바로잡는 기능을 하여 나라의 뼈대 구실을 한다.

이렇게 중요한 기능을 하기 위해서는 일상생활에서 지켜야 할 법률과 제도를 마련해 국내의 질서를 세우고 외국의 침략에 대비하여 국방력을 높이며, 이웃 나라와의 친선을 도모하여 정치와 경제, 그리고 문화적으로 교류하는 외교가 필수적이었다.

조선시대와 같은 유교 사회에서는 왕이 나라를 세우고 도읍을 정하면 궁실宮室을 보위하기 위해 반드시 궁실 왼편에 종묘宗廟를 세우고 오른편에 사직社稷을 세워 선왕의 음덕으로 나라가 평안하기를 빌고, 토신土神과 곡신穀神에게 제사 지내 백성들의 생업인 농사가 잘 되게 해달라고 기원했다.

왕권을 세우고 태평성대를 꿈꾸다

옛 왕조에서 임금이 가지는 권력 즉 왕권王權은 대단히 커서 무소불위의 힘을 행사하는 것 같지만 실은 여러 가지로 제약을 받았으며, 신하들과 타협하거나 이들의 주장을 어쩔 수 없이 받아들이는 경우가 비일비재했다.

조선의 경우, 건국되자마자 어떤 통치 체제와 권력 구조를 채택할 것인지를 둘러싸고 극심한 갈등을 겪었으나 태종 이방원李芳遠 등 왕족을 중심으로 한 왕권 정치를 주장하는 세력이 정도전鄭道傳을 중심으로 신권臣權 정치를 주장하는 세력을 누르고 정권을 장악했다.

태종은 왕권을 강화하는 방법으로 육조직계六曹直啓 제도를 실시, 최고 행정 기관인 의정부議政府의 실무를 폐지하고 육조에서 왕에게 국무를 보고하도록 하여 직접 국사를 처리했다. 왕권 중심의 정치 체제는 세조 때에도 빛을 발했다. 세조는 신하들을 통솔하면서 자기에게 불손한 자는 가차 없이 처단하고 함경도에서 반란을 일으킨 이시애李施愛 세력을 평정하는 등 통치 체제를 더욱 강화했다. 이러한 왕권 정치는 강력한 중앙집권적 국사 처리로 많은 업적을 거두고 조선 왕조의 기틀을 공고히 하는 데 큰 역할을 했지만, 강압적인 통치로 여러 가지 부작용도 발생했다.

근정전
조선시대 국가 대례를 거행하던 경복궁의 정전.
문무백관의 높낮이에 따라 정1품부터 9품, 종1품부터 9품까지 품계석을 세워뒀다.

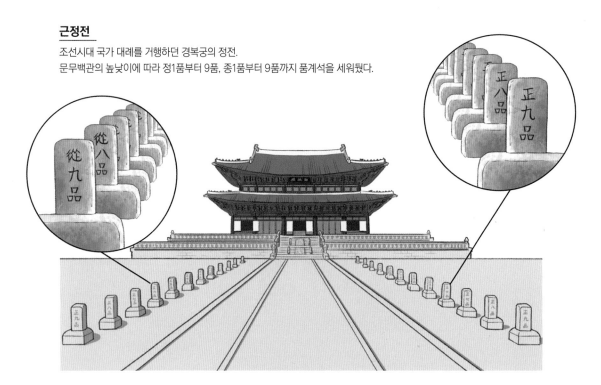

나랏일의 중심지, 육조거리

조선시대 정치의 중심처였던 육조거리는 당시 국가 중요 업무를 맡아 보던 육조六曹가 위치했던 거리로, 지금의 광화문에서 광화문 사거리까지의 양쪽 거리를 가리킨다. 육조는 이조吏曹·호조戶曹·예조禮曹·병조兵曹·형조刑曹·공조工曹를 총칭하는 용어로 의정부 아래에서 중요한 국정을 나누어 담당하던 관부였다.

육조거리 및 그 주변의 도시계획은 도성제도에 관한 지식을 갖추고 있던 정도전이 맡았다. 당시 육조를 비롯한 주요 관아의 배열을 보면, 광화문 왼쪽 즉 동쪽으로 맨 앞에 의정부가 자리 잡고 그 남쪽으로 이조와 호조, 한성부가 있었으며, 서쪽으로는 예조·병조·형조·공조와 사헌부 등의 관부가 위치했다.

육조거리는 왕의 주요한 행차 도로로 더욱 중시됐고 군사들의 다양한 무예나 무과 관련 의식이 치러져 지리적·역사적으로 큰 가치를 지닌 곳이라 할 수 있다. 조선 초기에 지어진 육조거리는 임진왜란과 병자호란을 맞아 모두 파괴돼 부분적으로 수리를 하며 사용되다가 고종 즉위후 흥선대원군이 경복궁과 의정부를 중건하면서 육조를 비롯한 여러 관아도 중수했다. 일제강점기에 들어와서는 1914년 광화문통으로 개칭됐으며, 1926년 조선총독부 건물이 세워지면서 광화문이 이전하고 육조거리 양편에 있던 건물도 사라지게 됐다.

육조거리
조선시대 중앙 관청이 밀집돼 있던 거리

왕가를 잇는 자, 종묘를 모시어라

조선왕조 역대 왕과 왕비 및 추존된 왕과 왕비의 신주를 모신 유교 사당을 종묘宗廟라고 한다. 이는 중국 주나라에서 시작된 제도로, 조선왕조는 1394년(태조 3년) 도읍을 한양으로 정한 즉시 착공하여 이듬해 9월에 완공했다. 이후 임진왜란 때 불타버려 1608년(광해군 즉위년)에 재건하고, 영조와 헌종 때 증축하여 현재 태실 19칸으로 되어 있다.

경내에는 종묘정전宗廟正殿을 비롯해 별묘인 영녕전永寧殿 및 전사청典祀廳·재실齋室·향대청香大廳·공신당功臣堂·칠사당七祀堂 등의 건물이 있다. 현재 정전에는 19실에 49위, 영녕전에는 16실에 34위, 공신전에는 공신 83위가 모셔져 있다.

종묘의 건축은 전체적으로 대칭을 이루고 있는데, 의례 공간의 위계질서를 반영해 정전과 영녕전의 기단과 처마, 지붕의 높이와 굵기를 그 위계에 따라 달리하는 등 세계적으로 희귀한 건축 유형을 보인다.

조선시대에는 정전에서 매년 춘하추동과 섣달에 대제를 지냈고, 영녕전에서는 매년 봄과 가을, 그리고 섣달에 제례를 지냈다. 현재는 전주 이씨 대동종약원에서 매년 5월 첫째 일요일에 종묘제례라는 제향의식을 거행하고 있으며, 이때 기악을 연주하며 노래와 무용을 포함하는 종묘제례악이 거행된다.

종묘제례
종묘의 제향의식. 신을 맞아들이는 '신관례'를 치르기 위해 제관들이 봉무하는 모습이다.

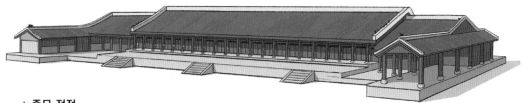

▲ 종묘 정전
종묘의 중심 건물로, 역대 임금의 신위를 모신 사당이다. 태묘라 부르기도 한다.

◀ 영녕전
태조 이성계와 선대 4조, 정전에서 계속 모실
수 없는 왕과 왕비의 신위를 모신 곳이다.

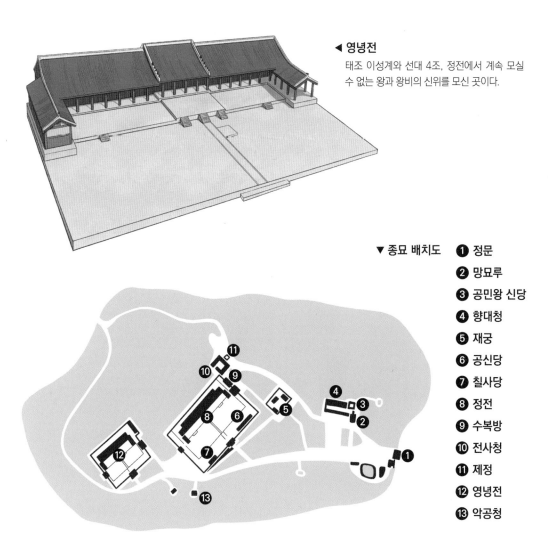

▼ 종묘 배치도

❶ 정문
❷ 망묘루
❸ 공민왕 신당
❹ 향대청
❺ 재궁
❻ 공신당
❼ 칠사당
❽ 정전
❾ 수복방
❿ 전사청
⓫ 제정
⓬ 영녕전
⓭ 악공청

우리 무형문화재의 으뜸, 종묘제례악

종묘에서 지내는 종묘제례宗廟祭禮는 왕실의 번영을 기원하는 장엄한 나라 제사였다. 임금이 친히 받드는 것인 만큼 극진한 정성을 기울였으며 절차마다 최고의 격식으로 치러졌다. 유교를 국가 통치 이념으로 삼았던 조선은 국가 차원에서 효를 실천하는 종묘제례를 통해 백성들에게 모범이 되고 왕조의 정통성을 보여주고자 했다.

이때 음악과 무용이 연주되는 종묘제례악은 종묘제례에서 빼놓을 수 없는 중요한 부분을 차지한다. 편종, 편경, 방향 등의 타악기가 주선율을 이루고 당피리, 대금, 해금, 아쟁 등 현악기가 장식적 선율을 더하며 중후하고 화려한 정악正樂을 선보였다고 한다. '종묘악'이라고도 하며 중요무형문화재이다.

『세종실록』에 따르면, 세종이 종묘악에 당악唐樂을 연주하던 모순을 지적하고 우리 고유 음악인 향악鄕樂과 고취악鼓吹樂을 바탕에 둔 〈정대업定大業〉과 〈보태평保太平〉 등을 창제했으며, 이는 1464년 종묘제례악으로 정식 채택됐다. 국가를 세우고 발전시킨 왕의 덕을 찬양하는 내용으로, 종묘제례악을 연주하는 동안 무용수들이 문치와 무공을 상징하는 문무文舞와 무무武舞를 선보였다. 악기 편성은 시기에 따라 변화가 있었다.

▲ 종묘제례악
종묘에 제사드릴 때 연주하는 기악, 노래, 무용을 이른다.
우리나라 국가무형문화재 중 으뜸으로 꼽는다.

◀ 박
박달나무 여섯 조각을 꿰어 비
껴 잡고 마주쳐서 연주하는 타
악기. 음악의 시작, 변화, 끝을
알렸다.

▶ 특경
음악을 그칠 때 사용한 타악기.
큰 돌 하나를 틀에 매달아 놓고 친다.

▲ 어
등의 27개 톱니를 긁어서
소리 내는 타악기. 주로 음악의
끝을 알리는 데 사용했다.

▲ 훈
흙을 구워 만든 악기. 손가락으로
몸체의 구멍을 열거나 막고 숨을
불어넣으며 연주한다.

▲ 진고
종묘제례악에 사용하는
대형 북.

◀ 방향
철편 16개를 두 단으로
된 틀에 얹고 두드려 소
리를 낸다. 철편의 두께
에 따라 음정이 다르다.

▶ 부
흙을 구워 만든 화로 모양의
타악기. 대나무 채로 위쪽 가
장자리를 쳐서 소리를 낸다.

사직단, 나라의 번창을 기원하다

조선시대에 사직은 종묘와 더불어 나라의 근간으로 여겼다. 사직단社稷壇은 나라의 신과 곡식을 맡은 신에게 제사 지내는 신성한 곳으로, 보통 도성의 서쪽에 설치한다. 서울에는 종로 사직공원 자리에 있으며, 현재 지방에도 부산·대구·광주와 전북 남원, 충북 보은, 경남·산청·창녕·진주·고성에 설치돼 있다.

사직단에서 '사社'는 땅을 관장하는 토지신土地神을 의미하며, '직稷'은 곡식을 맡아 다스리는 곡신穀神을 뜻한다. 사직단은 1393년(태조 2년)에 풍수지리가로 하여금 자리를 선정하도록 하고 현재의 위치가 결정되자 공사에 착수, 이듬해 완공했다. 건축은 단을 2개로 만들어 사단社壇은 동쪽에, 직단稷壇은 서쪽에 배치하여 북쪽에서 남쪽으로 향하게 했다.

제례는 종묘의 예에 따르고 매년 2월과 8월, 그리고 동지와 섣달그믐날에 행했으며, 그 밖에도 나라에 큰일이 있을 때와 가뭄이나 홍수 때에도 제를 지냈고, 각 지방에서도 관아의 서쪽에 사직단을 세우고 제례를 행하여 국태민안과 풍년을 빌었다.

단유도설

사직의 제도와 의식 절차 등을 그림과 함께 기록한 『사직서의궤社稷署儀軌』에는 단유의 모습과 제향 시 헌관과 집사자들의 자리를 표시한 단유도설壇壝圖說이 수록돼 있다.

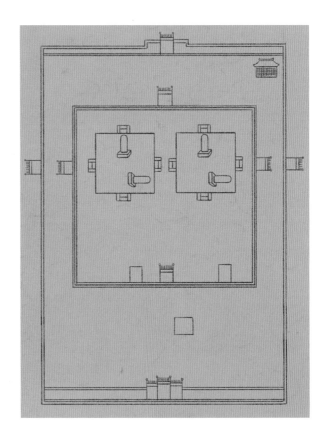

입신양명의 길, 관료

관료란 예나 지금이나 정치적으로 영향력이 있는 고급 관리를 일컫는다. 우리나라에서 대규모의 정부 관료조직이 형성된 것은 삼국시대부터이지만, 고려 초 성종 대에 이르러 중국식으로 관제를 일원화하고 새로운 편제를 갖춤으로써 관료에 의한 정치가 실현됐다.

이후 조선왕조가 들어서면서 의정부를 중심으로 한 6조 체제의 중앙집권적 정치체제가 완비되고, 과거제도를 통해 유능한 인재를 선발하여 정사를 맡김으로써 명실상부한 관료제도가 실시됐다.

하늘의 별 따기보다 어렵다는 과거로 조정에 들어온 관료들은 자체적으로 엄격한 상하 계급 관계를 존중하면서, 전제군주국인 조선의 정치체제에서 왕권을 억제하는 세력을 형성하여 사실상 국왕의 독재를 견제함으로써 오백 년 이상의 국가 체제를 이어가는 밑받침이 됐다.

이러한 조선의 관료제도는 말기에 이르러 갑오경장과 을미사변 등의 정치적 사건으로 인해 크게 혁파되어 새로운 체제로 바뀌었으나 국가의 진로를 결정하고 발전시키는 권한과 의무는 변함없이 이어지고 있다.

어전회의
임금과 중신들이 중요한 국사를 논하는 자리였다.

문화 교류의 원류, 조선통신사

조선통신사朝鮮通信使는 조선시대에 외교 관계의 일환으로 일본의 막부幕府 장군에게 파견한 국가의 공식적인 외교사절을 가리킨다. 당시 조선에서 일본에 파견하는 사절은 통신사, 일본에서 조선 국왕에게 파견하는 사절은 일본국왕사日本國王使라고 했다.

조선이 처음 일본에 사절을 보내려 한 것은 1413년(태종 13년)이었으나 사신이 병이 나서 실행되지 못하고, 실제로 이루어진 것은 1427년(세종 11년) 박서생朴瑞生을 정사로 교토에 보낸 것이 처음이었다.

통신사의 파견 목적은 임진왜란 전에는 주로 왜구의 침략 금지 요청이었으나 전후에는 강화 회담과 포로의 쇄환, 일본 국정의 탐색이었다. 조선 전기에는 막부 장군이 교토에 있어 그곳으로 갔지만, 후기에는 장군이 도쿄에 있어 목적지가 바뀌었다. 당시 조선통신사가 경유하는 객사에서는 시문과 학술의 필담 교류가 이루어져 문화적으로 많은 접근이 이루어졌고, 통신사에 대한 그들의 접대는 매우 화려하고 극진하여 일본의 재정을 압박하는 하나의 원인이 되기도 했다.

조선통신사가 일본에 도착하여 조선 국왕의 국서를 막부 장군에게 전달하는 데는 대략 6개월에서 1년이 소요됐고, 당시의 화려한 행렬도를 그린 병풍이나 판화 등이 전해지고 있다.

통신사 노정
조선 외교사절 통신사는 한성을 출발해 부산, 쓰시마섬(대마도)을 거쳐 후쿠오카에 도착, 해로를 따라 오사카에 이른 뒤 육로로 교토에 들어갔다. 에도 막부부터는 도쿄가 종착지가 됐다.

조선 평화 외교의 기록, 통신사 행렬도

조선통신사는 임진왜란이 끝나고 1607년부터 1811년까지 약 200년에 걸쳐 열두 차례 일본을 찾았다. 이로써 조선이 국방 강화와 평화 외교를 위해 기울인 노력을 알 수 있다. 조선통신사 행렬도는 이러한 조선시대 대일 교류의 흔적을 보여주는 대표적인 기록 유산이다.

통신사 규모는 450~500명으로, 종사·부사·종사관의 3사 체제였다. 노정은 한성(서울)에서 에도(도쿄)까지이며, 행렬을 구경하기 위해 전국 각지에서 몰려든 사람들이 인산인해를 이뤘다고 한다.

통신사 일행은 한양 출발로부터 2개월 정도 걸려 부산에 도착했다. 이곳에서 잔치 대접을 받고 출항 준비를 마친 뒤 무사 왕복을 비는 해신제海神祭를 지내고, 일본 선단의 호위를 받아 쓰시마섬에 입항했다. 통신사 일행의 배는 6척으로 편성됐는데, 제1선단에 국서를 받드는 정사正使와 수행원들이, 제2선단에 정사를 받드는 부사副使와 수행원들이, 제3선단에 종사관從事官과 수행원들이 탔다. 쓰시마섬에서는 일본이 제공한 배로 갈아타고 쓰시마도주의 인도로 오사카를 거쳐, 육로로 교토에 도착했다.

조선 전기에는 막부 장군이 있는 교토로 갔지만, 후기에는 장군이 도쿄에 있어 목적지가 바뀌었다. 통신사 일행은 일본 막부로부터 초대가 있으면 길일을 택해 국서를 건네주고 며칠 뒤 장군의 회답과 예물을 받아 다시 쓰시마도주와 함께 왔던 길을 돌아 귀로에 올랐다.

〈통신사입강호성도通信使入江戶城圖〉는 1636년(인조 14년) 조선 후기 제4차 통신사 일행이 도쿄로 들어가는 모습을 그린 행렬도이다. 475명이 동원된 당시 사행단의 목적은 일본의 태평성대를 축하하는 한편 정세를 탐색하려는 것이었다. 그림에는 말을 타고 가는 통신사 일행뿐만 아니라 이들을 호위하는 왜인들의 모습도 잘 묘사돼 있다. 직책이 기록돼 있고 행렬 순서와 의장, 기물들도 상세히 그려져 통신사를 이해하는 데 중요한 자료가 된다. 현재 통신사 관련 행렬도는 50여 종이 전하며, 유네스코 세계기록문화유산으로 지정돼 있다.

▲ 〈통신사입강호성도〉
1636년 통신사의 도쿄 입성을 그렸다. 그림은 행렬의 선두 부분.
〈인조십사년통신사입강호성도〉라고도 한다.

4장

나라의
안과 밖을 지키다

국방의 의미는 적국의 침략이나 나라 안의 반란을 막기 위해 국가가 마련하는 제도 및 방위 활동을 말한다. 한 나라의 국방의 힘은 국방제도에 의해 뒷받침되지만, 그 중심은 군사력으로 방위할 수 있는 실력이다.

성읍국가 시기는 왕실과 수도를 방위하기 위해 성곽을 쌓았다. 서기전 5, 4세기경에 축조된 왕검성王儉城은 만주와 한반도 서북 지역에 한국식 성곽이 축조됐음을 보여준다. 또한 하천을 낀 평지에 네모 형태로 축조한 서울 풍납동토성·몽촌토성 등도 나타난다.

삼국시대 행정 단위 성城에는 일정 수의 군대를 주둔시켰으며, 통일신라 때는 9서당과 10정을 설립하고 9주 5소경으로 편성된 군사조직도 마련하여 통일국가의 면모를 과시했다.

고려시대는 2군 6위의 중앙군과 광군光軍이라는 북방 군사조직을 두었으며, 몽골 침입 시 수도를 강화로 옮겨 성을 쌓고 방어했으며 왜구 침략에 맞서 봉수제를 강화했다.

조선 전기는 각 도에 병영兵營과 수영水營을 두고 육군과 해군을 통할했다. 임진왜란 후에는 중앙에 훈련도감을 설치하고 포수砲手·살수殺手·사수射手 등 군사 기술이나 무기 중심으로 체제를 전환시켰다. 또한 봉수제烽燧制를 실시해 지방의 군사적 긴급 사태를 중앙에 신속히 상달하게 하는 한편, 역참제驛站制를 시행해 군사 기밀을 문서로 알리는 수단으로 삼았다.

조선시대에는 수도 방위 및 왕실 보존을 위해 오군영 관할하에 성곽을 수축했다. 특히 후기에 남한산성·북한산성·수원화성을 축조 또는 재정비하고, 강화의 성들에 대한 관심과 중요성을 끝없이 강조했다.

외침에 맞서다

우리 국토는 북으로 중국, 남으로 일본에 접한 지형적 조건 때문에 지속적으로 그들과 전쟁을 벌여 왔으며 침탈을 당하기도 했다. 고조선은 중국 한무제漢武帝의 동방 침략에 맞서 위만조선의 마지막 왕 우거왕右渠王을 중심으로 1년여 항쟁했다. 결국 서기전 108년에 패했지만 당시 세계적 대국이던 한나라에 맞서 장기간 항쟁한 일은 우리 민족의 굳건한 자주국방 의지를 드러낸 첫 번째 사례였다.

고구려는 612년(영양왕 23년)에 수나라의 침입을 을지문덕이 지금의 청천강인 살수에서 크게 물리쳤고, 645년(보장왕 4년)에는 안시성에서 당나라의 침입을 물리치며 민족적 위기를 모면했다.

고려는 993년(성종 12년) 서희徐熙가 거란을 외교로 물리쳤고, 1018년(현종 9년)에는 강감찬姜邯贊이 귀주에서 대파했다. 1231년(고종 18)부터는 몽골의 침입에 맞서 강화도로 천도하며 16년간 대항했으나, 마침내 굴복하자 삼별초三別抄가 진도와 제주로 옮겨 다니며 항전했다. 고려 말에는 왜구의 침입이 잦아져 이성계李成桂와 최영崔瑩 등이 이를 격퇴했다. 조선시대에는 1592년(선조 25년) 임진왜란이 일어나 7년간 왜군과 전쟁을 치르면서 이순신李舜臣이 이끄는 수군과 각지의 의병 활동으로 이를 물리쳤고, 1636년(인조 14년)에는 중국 청나라의 침입을 받아 남한산성에서 끝까지 항전하다가 삼전도에서 항복하고 말았다.

조선 말에는 서양 각국의 외침이 잦았는데, 1866년(고종 3년)의 병인양요丙寅洋擾와 1871년의 신미양요辛未洋擾 때 민관군의 항전으로 프랑스와 미국의 침입을 막아 낼 수 있었다. 그러나 1876년 일본에 의해 문호를 개방하자 외세의 침입이 극심했고, 각처에서 일본의 침략에 대항하는 의병 활동이 일어나 지속적인 항쟁을 벌였다.

삼전도비
병자호란 당시, 조선이 청나라에 패하고 굴욕적인 강화 협정을 맺은 뒤 1639년 청의 강요로 세운 비다.
제공_ 유남해

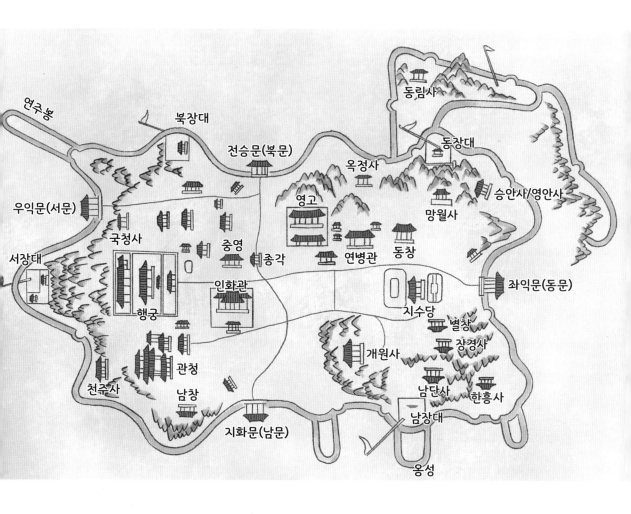

연주봉

북장대

전승문(북문)

동림사

동장대

옥정사

우익문(서문)

영고

승안사/영안사

망월사

국청사

중영

종각

연병관

동창

서장대

인화관

행궁

지수당

좌익문(동문)

별창

장경사

관청

개원사

천주사

남창

남단사

한흥사

지화문(남문)

남장대

옹성

▲ 남한산성
조선시대에 수도 한성을 지키던 성곽. 외성(3개)과 옹성(5개)을 갖춘 전형적인 산성으로,
임진왜란 이후 중요한 군사적 요새였다. 신라 문무왕 때 쌓은 주장성의 옛터를 활용해 1624년(인조 2년)에 축성했다.
지금은 동·서·남문루와 장대, 돈대, 보, 누, 암문, 우물 등이 남아 있다. 그림은 조선시대에 그린 남한산성 지도.

나라를 지키는 골목, 성채

성채城砦는 성城과 요새要塞를 아울러 이르는 말이다. 성은 적을 막기 위해 흙이나 돌로 높이 쌓아 만든 담이고, 요새는 군사적으로 중요한 곳에 튼튼하게 만들어 놓은 방어 시설을 뜻한다. 예전에 주로 만든 성채는 산성과 토성이었는데, 산성은 산의 정상부나 비탈진 곳에 돌을 이용하여 만들고, 토성은 흙을 쌓아 올려 만들었다.

성채에서 대부분을 차지하는 산성은 우리나라에서는 그 전형이 삼국시대에 완성됐는데, 특히 축성 기술이 발달해 백제인들은 일본에까지 진출하여 산성을 쌓아 주었으며, 지금도 그 유적이 남아 있다. 우리나라의 규모가 큰 산성은 성안에 얼마간 거주할 수 있는 주거지가 있었고, 성안에 우물이나 계곡의 물을 이용하며 창고 시설도 갖추어 장기전에 대비하기도 했다.

우리 역사상 유명한 산성으로는 고구려의 안시성安市城과 환도성丸都城, 보은에 있는 신라 삼년산성三年山城, 백제의 공주공산성公州公山城 등이 있고, 서울 근처에는 북한산성과 남한산성이 있어 남과 북에서 수도의 성채 구실을 했다.

현재 중부 지역 이남에만 1,200여 개의 산성터가 남아 있어, 우리나라가 '산성의 나라' 불릴 만큼 축성술과 방어 태세 발달의 모습을 보여 주고 있다.

북한산성

백제의 도성인 하남과 위례성을 지키기 위해 축조됐다. 고려시대에도 요충지로 중시되다가 조선시대 임진왜란과 병자호란을 거치면서 도성의 북쪽을 지키기 위해 대대적인 축성 공사를 했다.

◀ 삼년산성
충북 보은군 오정산에 있는 신라 산성. 백제와 영토를 다투던 곳으로, 이 지역을 확보하면서 삼국통일의 토대가 됐다. 납작한 자연석을 '井' 자 모양으로 쌓아 성벽이 견고하다.

▶ 공산성
백제 도읍지인 공주를 방어하기 위해 축성한 산성. 당시 웅산성으로 불렸나. 원래 토성이었으나 조선 중기 석성으로 개축했다.

◀ 남한산성
북한산성과 함께 한성을 지켰다.

여러 가지 성들, 다양한 축성술

성城이라 하면 우선 산성山城을 떠올린다. 산성은 유사시를 대비해 방어용 또는 대피용으로 쌓은 성으로 위치는 산에, 재료는 돌로 쌓은 것이다. 그러나 이러한 일반적인 산성 외에도 지방의 행정·경제·군사의 중심인 읍을 지키기 위해 평지에 쌓은 읍성邑城이 있고, 돌 대신 흙으로 쌓은 토성土城도 있어 우리 민족의 다양한 축성술을 엿볼 수 있다.

우리나라에서 읍성은 주로 고려 말부터 많이 쌓기 시작했는데, 이 시기는 연해안과 국경 지방 등 왜구와 이민족의 침입이 잦던 곳에 집중적으로 축성했다. 조선시대에 이르러서도 특히 경상도·전라도·충청도 지방의 바다가 가까운 지역에 많이 축조됐는데, 국방상 목적 이외에도 의주와 부산에서 한성까지 이르는 사행로使行路 주변에 외관상 이유로 읍성의 축조와 개축이 이루어졌다. 이러한 읍성들은 조선왕조 마지막까지 존속되다가 1910년 이후 일본의 읍성 철거령으로 대부분 헐렸고, 현재는 수원의 화성을 비롯하여 동래읍성·해미읍성·고창읍성·낙안읍성·진주읍성 등이 남아 있다.

한편, 흙을 재료로 쌓은 토성은 청동기시대 이래 주거지의 입지 조건과 같은 위치에 물이 흐르는 평지에 축조됐다. 이는 돌이 별로 없는 중국의 평야 지대에서 성을 쌓기 위해 고안된 것으로, 한사군의 영향을 받은 것으로 추측되는 평안남도 대동군 토성리 토성과 백제시대의 서울 풍납토성·몽촌토성 등이 있다. 그러나 산성에 비해 축조 시간과 인력이 많이 들고 배수 시설 등 부대적인 추가 설비가 많이 필요한 단점 때문에 이후에는 더 이상 축조되지 않은 듯하다.

▶ 풍납토성
 한강변 평지에 건설한 긴 타원형 성곽. 한성백제시대
 위례성으로 여겨진다. 산성과 달리 돌을 깔고
 그 위에 흙을 다져 축성한 순수 토성이다.

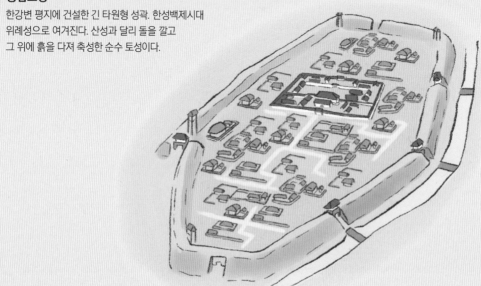

▲ **낙안읍성**

순천시 낙안면에 있는 조선시대 읍성.
평지와 산을 이어 쌓은 다른 읍성들과 달리
평지성이다. 조선시대 읍성들 가운데
가장 잘 보존된 것으로 꼽는다.

▲ **해미읍성**

조선 세종 때(1492년) 왜구의 침입을 막기 위해 쌓은 석축읍성. 병영이 청주로 옮겨
가기 전까지 서해안 방어의 군사적 요충지였다. 천주교 순교지이기도 하다.

효심으로 쌓은 성곽, 수원화성

수원화성은 1794년(정조 18년)부터 1796년 사이에 영의정 채제공蔡濟恭의 주관 아래 쌓은 성으로 근대적 성곽 구조를 갖추고 거중기 따위의 기계 장치를 활용하는 등 우리나라 성곽 건축 기술사상 중요한 위치를 차지하는 성이다. 또한 처음부터 계획적으로 거주지로서의 읍성과 방어용 산성을 합하여 수원을 성곽도시로 만들었다.

수원화성의 건설은 정조의 효성에서 시작됐다. 정조의 아버지 사도세자는 정조가 열한 살 되던 해 뒤주에 갇혀 세상을 떠났고, 이 장면을 목격한 정조가 아버지에 대한 그리움과 효심에서 경기도 양주에 있던 사도세자의 묘를 명당으로 손꼽히는 화성으로 옮기고, 그곳에 살던 백성들의 삶의 터전을 마련해 주기 위해 팔달산 아래에 신도시를 건설하면서 성곽을 축조한 것이다. 수원화성의 실질적 설계자는 정약용丁若鏞이며, 그는 왕명을 받아 전통적 축성 방법을 기초로 중국을 통해 들어온 서양식 공법을 배워 무거운 물건을 들어 올리는 거중기를 활용, 단시일 내에 완벽한 구조로 성곽을 완공했다.

수원화성에는 4대문으로 부르는 장안문長安門·팔달문八達門·창룡문蒼龍門·화서문華西門과 40여 개의 각기 다른 시설물이 남아 있는데, 높은 지형을 최대한 활용한 돈대인 공심돈空心墩과 포루砲樓, 적대敵臺 등은 모두 자연을 활용한 군사 시설물이다.

수원화성 건설에 관한 중요한 점 하나는 이를 건설하는 과정을 모두 완벽하게 기록해 『화성성역의궤華城城役儀軌』라는 책자로 편찬해 놓아 지금도 당시의 공사 내역을 자세히 알 수 있다는 것이다.

수원 팔달문

수원화성의 남문. 북문인 장안문과 함께 수원화성 안에서 가장 장대하고 화려한 건축물이다. 중층의 문루와 바깥쪽에 반원형 옹성을 세워 이중 방어했다.

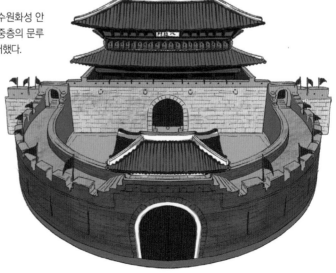

▼ 수원화성

우리나라 성곽의 백미로 꼽히는 수원화성. 당시의 첨단기술을 집약해 축조했으며, 임금이 머무는 행궁 외, 사대문 사이 암문(4개), 수문(2개), 적대(4개), 공심돈(3개), 봉돈(1개), 포루(5개), 장대(2개), 각루(4개), 포루(5개) 등 다양한 구조물을 치밀하게 배치했다.

❶ 서북공심돈 ❽ 봉돈
❷ 장안문 ❾ 동남각루
❸ 화홍문 ❿ 팔달문
❹ 방화수류정 ⓫ 남포루
❺ 연무대(동장대) ⓬ 행궁
❻ 동북공심돈 ⓭ 서장대
❼ 창룡문 ⓮ 화서문

▶ 서장대

성곽 일대를 한눈에 바라보며 군사들을 지휘하던 곳을 장대라 한다. 서장대에는 '華城將臺(화성장대)'라는 정조의 친필 편액이 있다.

▲ 공심돈

수원화성에서만 볼 수 있는 특이한 구조의 망루. 성벽보다 높이 위치하며, 돈대의 속을 뚫어 적의 동태를 살피고 백자총 등을 쏠 수 있게 만들었다.

▶ 포루

화성을 방어하는 포진지. 성벽 일부를 '凸' 모양으로 돌출시키고 그 안에 화포를 배치, 외적을 공격할 수 있게 했다.

조선의 군대 주둔지, 병영과 수영

조선왕조는 초기 세종조 이래 지금의 한반도 전체를 국토로 수복하여 관할했다. 국방상 주요 지점에 군영軍營을 두었는데, 육군 부대가 주둔하는 병영兵營과 수군 부대가 주둔하는 수영水營이 그것이다.

병영은 주로 병마절도사가 주둔하며 통할하고, 각 도에는 관찰사가 겸임하는 경우도 있었다. 때문에 관찰사가 주재하는 감영監營과 병행하여 병영이 설치되기도 하고, 감영과 별도로 설치되기도 했다. 즉 경기도·황해도·강원도에는 감영이 있던 한성부의 서문 밖과 해주·원주가 병영의 구실을 했으며, 충청도에는 해미, 전라도에는 강진, 평안도에는 영변에 단독 병영이 설치돼 있었다. 군사상 요지였던 경상도에는 울산·창원에, 함경도에는 북청·경성에 설치돼 지방 군사조직의 일원적 지휘 계통을 확립했다.

수영은 수군절도사가 주재하던 군영으로, 경기도에는 남양, 충청도에는 보령, 경상도에는 동래에 좌수영, 가배량에 우수영, 전라도에는 순천에 좌수영, 해남에 우수영을 두었다. 이후 임진왜란 때 수군 군사상의 취약점을 고려하여 통제영統制營을 설치하고 인조 때에는 통어영統禦營을 설치하기도 했으나 그 소관 업무는 변함이 없었다.

병영과 수영

조선의 국방조직은 5위의 중앙군과 지방군으로 구성됐다. 지방군은 각 도의 병영과 수영에 절도사를 파견하고 거진과 제진을 두어 방어체제를 편성했다.

● 병영
▲ 수영

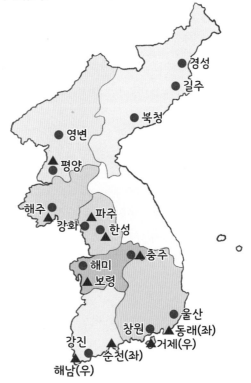

세상에서 가장 힘센 철갑선, 거북선

거북선은 조선 임진왜란 때 이순신 장군이 만들어 왜군을 무찌르는데 크게 이바지한 거북 모양의 철갑선이다. 세계 최초의 철갑선으로, 등에는 창검과 송곳을 꽂아 적이 오르지 못하게 하고, 앞머리와 옆구리 사방에는 화포를 설치해 공격용으로 활용했다.

거북선에 대한 기록은 1413년(태종 13년)의 『태종실록』에 처음 나오나, 그 형태와 규모에 대한 내용은 자세히 나오지 않아 알 수 없다. 이후 임진왜란 때 이순신 장군이 고안하고 군관 나대용羅大用 등이 건조하여 처음 실전에 활용, 왜적을 크게 물리쳤다. 이때 거북선이 먼저 앞서서 돌진하고 판옥선이 뒤따라 진격하여 연이어 총통을 쏘고, 포환과 화살을 빗발치듯 쏘면 적의 사기가 쉽게 꺾였다고 했다. 이렇게 거북선이 돌격전선으로 그 기능을 크게 발휘함에 따라 왜란 후에는 그 크기를 더 장대하게 하는 등 개선에 힘썼다는 기록이 나온다.

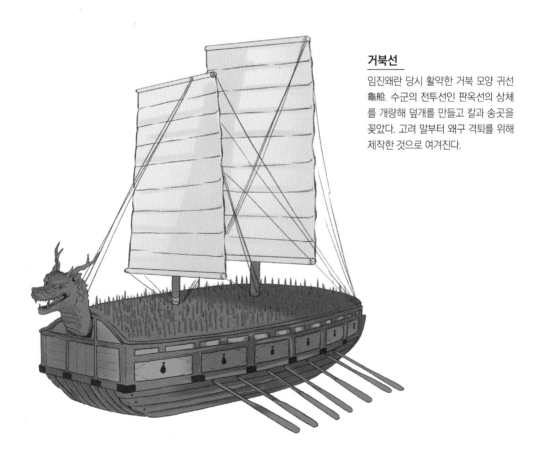

거북선

임진왜란 당시 활약한 거북 모양 귀선龜船. 수군의 전투선인 판옥선의 상체를 개량해 덮개를 만들고 칼과 송곳을 꽂았다. 고려 말부터 왜구 격퇴를 위해 제작한 것으로 여겨진다.

먼 거리 싸움의 무기, 창과 활

예전에 전쟁에서 가장 많이 사용한 무기는 칼이지만, 먼 거리의 싸움에서 흔히 사용한 것은 창과 활이었다. 창은 긴 나무 자루 끝에 날이 선 뾰족한 쇠촉을 박아서 찌르거나 멀리 던지는 데 쓰던 무기이다.

삼국시대의 창 유물을 보면, 가장 흔한 창의 형태가 단순 직선형의 날이 달린 투겁창이다. 이후 고려시대에는 투겁창 외에 기창旗槍이 의장용으로 사용돼 국가적 행사의 위엄을 과시했다. 조선시대에 들어와서 창은 전투용과 의장용으로 구분되어 발달했는데, 전투 무기로서의 창에는 기병용 기창과 보병용 창이 있었다. 전기에는 무과 과거시험 과목에 창술이 들어 있어 중요시되기도 했으나 후기에는 화포가 보급되면서 창은 전투 무기로서의 지위를 상실했다.

활은 댓개비나 단단한 나무 등을 휘어서 반달 모양의 몸체를 만들고, 두 끝에 시위를 건 다음 화살을 줄에 메워 당겼다 놓으면 줄의 탄력으로 화살이 튀어나가 목표물을 맞히는 무기이다. 우리나라에서는 예로부터 활을 가장 중요한 무기 중 하나로 여겼으며, 궁술은 전쟁터에서는 물론 민중 가운데 가장 널리 보급되고 중요시되던 무예로, 무과 과거시험 과목에 속한 것은 물론이다.

활의 종류는 그 용도에 따라 전시용·수렵용·연회용·전시용·연습용 등으로 나뉘었고, 이에 따라 큰활·나무활·뿔활·쇠활 등을 만들었다.

기마궁술

조선시대 영조와 정조는 무사를 양성하는 데 관심을 쏟았으며,
말을 타고 달리며 활을 쏘는 기마궁술 등의 시험을 치르게 했다.

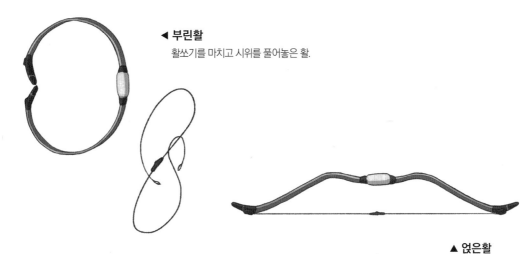

◀ 부린활
활쏘기를 마치고 시위를 풀어놓은 활.

▲ 엊은활
활쏘기를 위해 시위를 걸어놓은 활.

◀ 창
조선 후기 『무예도보통지』에 소개된 창들. 왼쪽부터
붉은색이나 노란색 깃발이 달린 기창, 길이가 긴 장창,
끝이 세 갈래인 당파, 초승달 모양의 긴 칼날을 부착한
월도, 가지마다 짧은 날이 달린 낭선이다.

▲ 활과 화살
우리나라 활은 뿔과 나무로 만든 각궁으로,
조선시대 활은 길이는 약 1.8m 정도였다.

봉수, 횃불과 연기로 변경을 지키다

봉수烽燧는 고려와 조선시대에 변방 지역에 병란이나 사변이 발생했을 때 중앙에 신속히 알리던 통신제도로, 밤에는 횃불[烽]로, 낮에는 연기[燧]로 알렸다.

고려시대의 봉수는 왜구가 침입했을 때 통신 방법으로 이용했다는 기록이 있고, 조선시대에는 세종조에 들어와 봉수제를 확립하여 지금의 서울 남산에 봉수대를 설치하고, 각 지방에서 올라오는 5개의 봉수로에서 상황을 보고 받았다.

당시 제1봉수는 북쪽 국경지대인 함경도 경흥에서 시작해 강원도를 거쳐 올라오고, 제2봉수는 남쪽 끝인 경상도에서 경기도 광주를 거쳐 올라오고, 제3봉수는 서북쪽 끝인 평안도에서, 제4봉수는 서쪽 해안에서, 제5봉수는 전라도와 충청도에서 전달됐다.

통신 방법은 평화로운 상태일 때는 봉수 1개를 피워 올렸고, 적이 국경 지대에 나타나면 2개, 적이 국경에 가까이 오면 3개, 적이 국경을 넘어오면 4개, 적이 국경을 넘어 우리 군대와 전투를 벌이면 5개를 피웠고, 매일 아침 왕에게 봉수 상황을 보고했다. 변방에서 도성인 한양까지 상황이 알려지는 시간은 약 12시간 정도였으며, 근대에 들어와 전화가 가설되자 봉수제는 자연히 없어지게 됐다.

봉수
산 정상에서 횃불과 연기를 피워 급한 소식을 중앙에 전하던 통신제도.
조선 세종 때 봉수제를 크게 정비, 발전된 체제를 갖췄다.

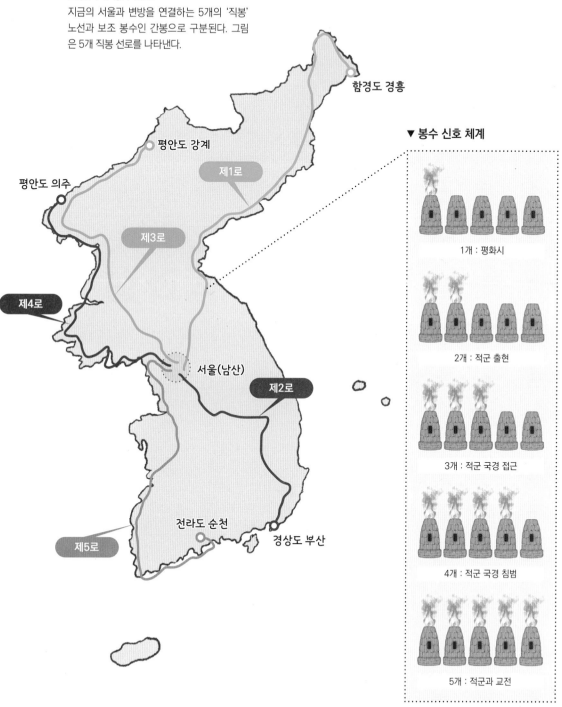

▼ 조선시대 봉수선로

지금의 서울과 변방을 연결하는 5개의 '직봉' 노선과 보조 봉수인 간봉으로 구분된다. 그림은 5개 직봉 선로를 나타낸다.

함경도 경흥

평안도 강계

제1로

평안도 의주

제3로

제4로

서울(남산)

제2로

전라도 순천

경상도 부산

제5로

▼ 봉수 신호 체계

1개 : 평화시

2개 : 적군 출현

3개 : 적군 국경 접근

4개 : 적군 국경 침범

5개 : 적군과 교전

5장

한국인의 가족과 삶

가족이란 주로 부부를 중심으로 한 친족 관계에 있는 사람들의 집단으로서, 혼인이
나 입양, 혈연 등으로 이루어진다.

이러한 가족은 나름대로의 여러 기능을 하는데, 우선 아이를 낳아 기르는 출산과 양
육, 자녀들을 가르치는 교육 기능, 가족들이 함께 놀이를 하고 휴식을 취하는 오락과
휴식 기능, 제사를 지내고 전통을 잇는 기능, 각 가정 내에서 필요한 것을 만들거나
사서 쓰는 경제적 기능 등을 하고 있다.

역사적으로 우리나라 가족의 기본적 성격을 종합해 보면, 부계 중심의 영속적 집단
이자 사회적 단위로서 개인에 우선하는 집단이고, 가족에는 반드시 그 가족원 전체
를 통솔하는 가장이 존재하며, 가족원 간에도 위계질서가 있어 직계·남자·장자 3원
칙에 따라 차별성을 두었다. 또 남성 우선주의로 남성이 여성보다 대내외 지위가 높
았으며, 부자 관계가 부부 관계보다 우위에 섰다.

때문에 옛날에는 전 가족이 한 집에서 모여 대가족 형태를 이루며 생활했지만, 현대
에 이르러서는 핵가족 형태가 많아져 부부 중심의 가족과 남녀평등의 생활 모습으로
바뀌어 가족 간의 역할이 많이 변하고 있다.

한국인의 가족과 친척 관계

우리나라의 전통적인 가족제도는 가계를 계승할 자녀들이 부모와 동거하는 대가족 제도였다. 친척親戚은 친족親族 즉 친가(아버지의 일가)와, 외척外戚 즉 외가(어머니의 일가)를 합하여 일컫는 용어이다. 우리나라의 가족제도는 친가나 외가를 막론하고 모두 부계父系 중심의 친족을 형성하고 있다.

그러나 광복 이후 급속한 산업화 과정을 경험하면서 전통적인 대가족 제도는 쇠퇴하고 핵가족제가 발전하는 경향을 보였으며, 1970년대 비약적인 경제 성장에 따른 젊은이들의 도시 진출로 자녀들이 부모 곁을 떠나 새로운 가정을 이루면서 부부와 그들의 미혼 자녀로 구성된 핵가족이 급증했다.

2천년대에 들어서는 거의 모든 가정이 핵가족 형태가 되었으며, 자식들뿐 아니라 나이 많은 부모들도 자식에게 의지하며 함께 사는 것보다 그들끼리 조용히 편하게 생활하는 것을 희망하여 핵가족은 날로 늘어나는 추세이다.

이처럼 핵가족이 늘어나는 까닭을 분석해 보면, 우선 자녀가 학교에 입학하면서 편의 시설이 많은 도시로 이사하는 경우가 많고, 취업을 위해서도 도시 지역으로 이사하는 경향이 커졌기 때문이다. 또한 개인의 자유로운 생활을 위해 부모와 따로 사는 점 등을 들 수 있다. 부모와 자녀들이 대부분 따로 살며 핵가족을 이루는 추세임에도 가족 통합의 구심점은 여전히 부모가 되며, 자녀의 가계 계승 관념은 그대로 강하게 남아 있다.

핵가족
부부와 미혼 자녀로 구성된 소가족.
산업사회를 거치며 핵가족 형태가 자리 잡았다.

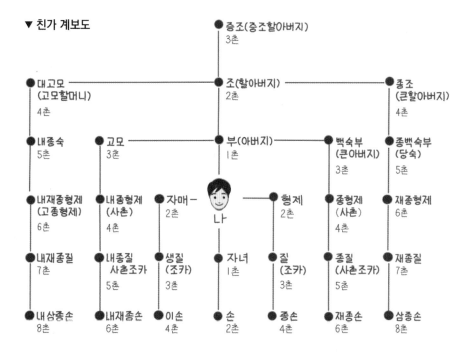

▼ 친가 계보도

- 증조(증조할아버지) 3촌
- 조(할아버지) 2촌
- 종조(큰할아버지) 4촌
- 대고모(고모할머니) 4촌
- 내종숙 5촌
- 고모 3촌
- 부(아버지) 1촌
- 백숙부(큰아버지) 3촌
- 종백숙부(당숙) 5촌
- 내재종형제(고종형제) 6촌
- 내종형제(사촌) 4촌
- 자매 2촌
- 나
- 형제 2촌
- 종형제(사촌) 4촌
- 재종형제 6촌
- 내재종질 7촌
- 내종질 사촌조카 5촌
- 생질(조카) 3촌
- 자녀 1촌
- 질(조카) 3촌
- 종질(사촌조카) 5촌
- 재종질 7촌
- 내삼종손 8촌
- 내재종손 6촌
- 이손 4촌
- 손 2촌
- 종손 4촌
- 재종손 6촌
- 삼종손 8촌

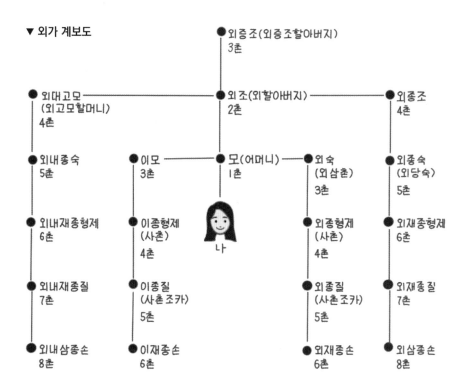

▼ 외가 계보도

- 외증조(외증조할아버지) 3촌
- 외조(외할아버지) 2촌
- 외종조 4촌
- 외대고모(외고모할머니) 4촌
- 외내종숙 5촌
- 이모 3촌
- 모(어머니) 1촌
- 외숙(외삼촌) 3촌
- 외종숙(외당숙) 5촌
- 외내재종형제 6촌
- 이종형제(사촌) 4촌
- 나
- 외종형제(사촌) 4촌
- 외재종형제 6촌
- 외내재종질 7촌
- 이종질(사촌 조카) 5촌
- 외종질(사촌 조카) 5촌
- 외재종질 7촌
- 외내삼종손 8촌
- 이재종손 6촌
- 외재종손 6촌
- 외삼종손 8촌

귀한 자손을 얻는 법, 기자신앙

우리나라는 전통적으로 남아선호사상이 강했고, 특히 조선시대에는 아들을 중요하게 여겼기 때문에 기자신앙이 발달했다. 기자신앙은 넓게는 자식이 없는 부녀자가 자식을 낳기 위해 벌이는 여러 형태의 신앙을 뜻하지만, 자식 가운데에서도 특히 아들을 얻고 그 아들이 무병장수하여 부귀영화를 누리게 되기를 기원하는 신앙을 말한다.

기자신앙의 형태는 지역 또는 집안에 따라 전국적으로 여러 가지 양상을 보이는데, 일반적으로 용왕이나 삼신·부처·칠성 등 초월적인 존재에게 치성을 드리는 유형, 남성을 상징하는 생식기나 물건 등을 만지거나 먹는 유형, 부적이나 기자도끼 같은 특정한 물건을 몸에 지니고 다니는 유형, 남근석男根石이나 붙임바위 같은 남녀 성기 모양의 돌이나 바위를 숭배하는 유형, 마을 길을 닦거나 공동 우물을 깨끗이 하는 등 여러 사람에게 좋은 일을 하여 공덕을 쌓고자 하는 유형 등으로 나타난다.

이렇게 정성을 들여 아기를 낳은 뒤에는 쌀밥과 미역국을 올린 삼신상三神床을 차려 놓고 삼신에게 아기의 무병장수를 빈 다음 산모가 먹게 했다. 삼신은 삼신할머니라고도 부르며 아기를 갖게 해 준 세 신을 가리킨다.

기자도끼
도끼 모양의 장신구. 아들 낳기를 기원하며 여성의 몸에 지녔다.

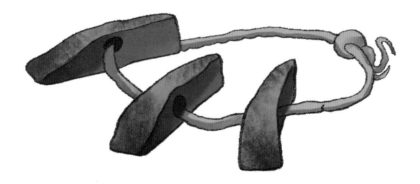

▶ **기자행위**
큰 나무에 아기 낳기를 비는 모습. 자식이 없는 집안에서 자식(특히 아들) 낳기를 기원한 민간신앙 형태다. 기암괴석이나 기자암, 기자석에 치성을 드리기도 했다.

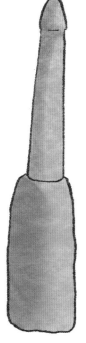

◀ **남근석**
아들을 바라는 사람들이 남자 성기 모양의 암석에 음식을 차려 놓고 기도를 올리기도 했다. 그림은 전북 정읍시 칠보면에 있는 남근석.

▶ **삼신상**
삼신은 아기를 점지하고 산모와 갓난아이를 수호한다. 출산 직후 삼신상을 차리고 아기의 무병장수를 빌었으며, 기원이 끝난 뒤 산모가 먹는다.

전통 성인식, 관례

전통사회에서 남자가 성년에 이르면 어른이 된다는 의미로 상투를 틀고 갓을 쓰게 하던 의례가 관례冠禮이다. 조선시대에는 남자가 스무 살이 넘으면 예禮를 알 수 있으므로 관례를 행하여 한 사람의 성인으로 대우하고, 여자는 쪽을 찌고 비녀를 꽂아 주는 의식으로 계례笄禮를 행했다.

이 관례 의식은 중국에서 『가례家禮』가 유입되면서 우리나라에 정착한 것으로 보이는데, 고려시대에도 왕태자가 관례를 행했다는 기록이 보인다. 조선시대에 들어와서 사대부 집안에서는 예서에 따라 모두 관례를 행했지만, 대부분의 경우 그보다 간소하게 치렀고, 근대에 와서는 단발령으로 머리를 깎았기 때문에 전통적 의미의 관례는 사라지게 됐다.

우리나라 관례의 큰 특징은 관례가 혼례에 흡수돼 있다는 점인데, 이것은 열 살이 지나면 혼례를 서두르는 조혼의 풍속 때문이었다. 관례가 혼례 과정의 하나가 되어 그 의미가 약해졌고, 지금은 여자들의 계례만 가끔 구식 혼례식에서 볼 수 있을 뿐이다.

관례
아이가 커서 성인이 되었음을 인정해 주는 의례. 상투를 틀어 갓을 씌웠다. 여자는 계례를 행했다.

풍속화에 나타난 조선인의 일생

평생도平生圖는 사람이 태어나서 죽을 때까지 기념이 될 만한 경사스러운 일들을 골라 그린 풍속화 화제 중 하나로, 보통 높은 벼슬을 지낸 사대부의 일생이 표현된다. 일생도一生圖라고도 한다. 대개 8폭 병풍으로 꾸며지며 장수·입신양명·부귀·다남 등 복록에 대한 염원을 담아 이상적이고 길상적인 요소가 강하다. 18세기 후반 풍속화의 발달과 함께 널리 유행했다.

현전하는 평생도 중 널리 알려진 것은, 김홍도가 모당慕堂 홍이상洪履祥(1549~1615)의 일생을 그린 〈모당평생도〉이다. 원경 배치한 건물과 나무 등에서 김홍도의 필치가 엿보이고, 돌잔치에서 회혼례까지의 과정을 그린 병풍의 내용 구성과 도상으로 평생도 작품의 본보기가 돼 후세에 많이 모사되기도 했다.

보통 평생도에서 '돌잔치'는 저택을 배경으로 가족들에 둘러싸여 돌상을 받는 주인공이 그려졌으며, '혼례'는 신랑이 친히 신부를 맞아 신랑 집으로 가는 행렬과 대례가 거행되는 대례청이 그려졌다. '과거 급제'는 주인공이 악사 3명과 재인을 거느리고 시험관과 선배 급제자, 친척들을 찾아뵙기 위해 거리를 행진하는 삼일유가三日遊街의 모습을 그렸고, '한림겸수찬翰林兼修撰'은 관직에 오른 이가 부임지에 도입거나 초헌을 타고 거리를 행차하는 행렬 장면이 그려진다. 마지막으로 '회혼례'는 가족과 손님들이 모인 가운데 노부부가 다시 한번 혼례를 치르거나 서로 술잔을 나누어 마시는 의식 장면을 그렸다.

▲ 〈모당평생도〉 김홍도, 8폭 병풍, 1781년, 지본담채, 각 122.7x47.9cm, 국립중앙박물관 소장

연지 찍고, 사모관대 차리고

혼례婚禮는 성인 남녀가 평생을 함께할 것을 약속하는 의식이다. 전통 혼례에서 여자는 볼에 연지를 찍고, 남자는 사모관대의 차림을 하는 것이 상징적인 모습이었다.

조선시대는 남녀의 구별이 엄격한 유교사회로 중매결혼이 일반적으로 행해졌는데, 중매에는 남자와 여자의 생년월일과 시간을 적은 사주단자四柱單子로 궁합을 맞췄다. 혼사가 정해지면 혼서지婚書紙와 예물을 담은 납폐함納幣函을 보내 약혼을 증거했다.

혼인 의식은 관행적으로 신랑이 신부 집에 가서 행했는데, 혼례날은 신부 집에서 정하고 신랑 집에서는 혼례 전날에 옷감과 편지가 든 함을 신부 집으로 보냈다. 혼례날이 되면 신부는 화려한 활옷을 입고 얼굴에는 연지를 찍고 화장을 하며, 신랑은 머리에 사모관대를 쓰고 관대를 입고 장화 모양의 목화木靴를 신었다.

혼인 절차는 신랑이 신부 집에 나무 기러기 즉 목안木雁을 올리는 전안례奠雁禮, 신랑과 신부가 맞절을 하는 교배례交拜禮, 합환주를 나누어 마시는 합근례合巹禮의 순으로 진행됐다. 혼례를 치른 후에는 며칠 동안 신부 집에서 머문 후 신랑 집으로 가서 시부모와 집안 어른들께 폐백을 드리는데, 이때 신랑 식구들은 신부에게 대추와 밤을 던져 주며 자식을 많이 낳고 복되게 잘 살라고 빌어 주었다.

교배례

초례상 앞에서 신랑 신부가 절을 주고받는 의식. 전통 혼례식에서 가장 중요한 절차이다. 신부가 먼저 세 번 반 절하고, 다음 신랑이 두 번 반 절한다.

慶州后金大吉拜
時維 仲冬之節
尊軆百福僾之 祥豪
長成未有伉儷 伏蒙
辱慈許以
令愛女 旣聖著有先之令
謹行納幣之儀不備伏惟
尊照謹拜上狀
癸巳年一月十九日

◀ 사주단자

혼인을 정하고 신랑 집에서 신랑의 사주를 적어 신부 집에 보내는 간지. 사주단자가 전달돼야 혼약이 성립된 것으로 여겼다.

▶ 전통 혼례복

신랑은 단령을 입고 관대, 사모, 검은 나무 신 차림이며, 신부는 활옷을 입고 족두리를 썼다.

▼ 목기러기

신랑은 신부 집에 기러기를 가지고 가 초례상 위에 놓고 절했다. 부부되기를 맹세하고 수복과 자손번영을 기원하는 의미. 살아있는 기러기를 쓰기도 했다.

▶ 폐백

신부가 시부모 등 여러 시댁 어른들에게 인사드리는 혼례 의식. 신부에게 대추와 밤을 던져 주며 자식을 많이 낳고 복되게 살라고 덕담을 해 준다.

은혜를 베푸는 나이, 회갑

회갑回甲은 육십갑자의 '갑甲'으로 되돌아온다는 뜻으로 60년 만에 맞는 생일날을 뜻한다. 같은 의미로 환갑還甲·주갑周甲·갑년甲年이라고도 하며, 화갑華甲이라고 미화하는 글자로 쓰기도 한다.

우리나라에서는 예로부터 회갑을 인생에서 크게 경하해야 할 것으로 여겨 큰 잔치를 베풀어 축하를 하고, 회갑을 맞은 주인공은 장수를 누린 복 많은 이라 하여 주위로부터 축하를 받았다. 지금과 달리 예전에는 이 나이까지 생존하기도 쉬운 일이 아니었고, 혼인 연령이 낮아 자손들도 많이 보았으므로 상당한 웃어른으로 대우를 받았다.

회갑 날에는 자손들이 합심으로 잔치를 베푸는데, 먼저 회갑주에게 잔을 올리고 큰절을 올리면서 장수를 감사드리고 여생의 건강하심을 빈다. 상차림은 고배高排라 하여 높이 괴어 차렸는데, 이는 큰상 또는 망상望床이라서 바라보기만 하고 헐어서 먹지 못하므로 시장기를 면하게 그 자리에서 먹을 수 있도록 큰상 앞에 따로 입맷상을 차려 놓았다.

이렇게 의식이 끝나면 축하객에게 차린 음식을 대접하고 〈회갑 노래〉 같은 권주가를 부르면서 가무를 즐긴다. 그리고 큰상에 차린 음식을 헐어 일가친척에게, 축하 선물은 자손들에게 골고루 나누어 주는 등 은혜와 사랑을 베풀며 뜻깊은 하루를 보낸다.

회갑
태어나서 60년 만에 맞는 생일. 인생에서 크게 경하할 일로 여겨 큰 잔치를 베풀었다.

왕가의 통과의례는 무엇이 달랐을까

왕가의 관혼상제는 유교 윤리의식을 백성에게 사회적 규범으로 제시하는 통치 수단이기도 했다. 조선 왕실의 관례冠禮는 1457년(세조 3년) 왕세자였던 예종에게 시행한 것이 최초였다. 종묘에 나아가 왕세자의 관례를 거행함을 알리고, 국왕이 정전에서 왕세자 관례 거행을 명령하면 절차에 따라 예식을 행했다. 혼례婚禮 절차는 왕세자빈이 머물고 있는 별궁으로 사람을 보내 청혼하는 의식인 납채納采, 궁궐에서 별궁에 예물을 보내는 납징納徵, 궁궐에서 가례일을 정하여 별궁에 알려주는 고기告期, 궁궐에서 왕세자빈을 책봉하는 책빈冊嬪, 왕세자가 별궁에 가서 왕세자빈을 궁궐로 맞아들이는 친영親迎, 왕세자와 왕세자빈이 서로 절을 한 후 술과 찬을 나누고 첫날밤을 보내는 동뢰同牢의 순으로 거행됐다.

상례喪禮는 18세기 영조대에 와서야 정착됐는데, 왕이나 왕족의 죽음이 가까워지면 우선 유언을 들어 승정원에서 기록했다. 상주들은 3일 동안 육류 등 고급스런 음식을 먹지 않으며 4일째 되는 날에 입관을 한다. 장례는 상을 당한 지 5개월이 되어서야 치르는데 능을 만들 터를 정하고 발인하여 묘지에 도착하면 관을 넣을 현궁玄宮이라는 구덩이를 파고 관을 넣은 뒤 이별하는 제사를 지내면 장례 절차가 끝난다. 왕실의 제례祭禮는 대체로 사대부의 그것과 비슷하여, 먼저 신을 맞이하는 신관례晨祼禮를 치르고, 신에게 음식을 올리는 진찬進饌, 첫 번째 술잔을 올리는 초헌례初獻禮와 두 번째 올리는 아헌례亞獻禮, 마지막으로 올리는 종헌례終獻禮 의식을 진행한다.

▶ **가례**
왕실의 혼례를 말한다.

죽은 이를 보내는 예법, 상례

상례喪禮는 죽은 이를 장사 지낼 때 수반되는 모든 의례이다. 사람이 태어나서 마지막 통과하는 관문이 죽음이라면, 이에 따르는 의례가 상례이다.

사람의 일생을 통해 거쳐야 하는 통과의례로 관혼상제冠婚喪祭가 모두 나름의 의의가 있어 중요시됐지만, 상례는 인간의 죽음이라는 엄숙한 사태에 직면하여 죽은 이를 정중히 모시는 절차인 만큼 가장 중요한 예법이었으며, 이는 시대와 세계 어느 지역을 불문하고 공통적인 현상이다.

우리나라에서 죽은 이를 보내는 의식은 원시시대부터 있었다. 이때 시신을 매장 또는 화장하면서 생전의 생활 도구와 장식품, 무기류를 함께 묻은 유적들이 보이고, 그 유물들을 통해 당시의 기본적인 상례를 추정할 수 있다.

이후 삼국시대부터 고려시대까지는 불교와 유교의 양식이 혼합된 예법으로 행해졌으나, 조선시대에 배불숭유정책을 강조함으로써 불교 의식은 사라지고 유교 의식이 주를 이루었다. 그러나 이러한 예법도 오랜 세월이 흐르는 사이 조금씩 변하기도 하고, 지방마다 풍습을 달리하게 됐다. 근현대에 들어서는 불교와 기독교 등의 종교 의식에 따른 상례가 혼입되고 간소화되면서 전통시대의 상례가 많이 변모됐다.

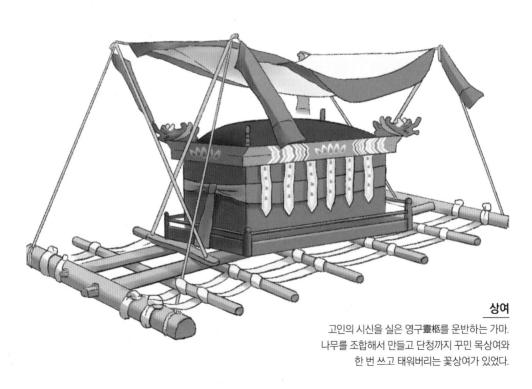

상여
고인의 시신을 실은 영구靈柩를 운반하는 가마.
나무를 조합해서 만들고 단청까지 꾸민 목상여와
한 번 쓰고 태워버리는 꽃상여가 있었다.

▼ 발인

상여에 영구를 싣는 것부터 장지에 도착할 때까지의 의식. 상여가 떠나기 전 음식
과 술을 차려 견전遣奠의 예를 올렸는데, 이는 발인제發靷祭로 변모했다.

▼ 상여 행렬

열두 명 이상의 상여꾼들이 상여를 멨으며, 설소리꾼이 맨 앞에서 북이나 종으로 장단을 맞추어 소
리를 메기고 상여꾼들이 뒷소리를 받았다. 전남 진도에서는 망인이 극락 가기를 기원하며 풍물을
울리는 등 신명나는 노래판을 만들기도 했다.

제례, 한민족의 조상 숭배

제례祭禮는 제사 지낼 때 행하는 조상 숭배의 의례를 말한다. 제사는 죽은 이를 계속 공양하여 효孝를 이어가는 의례로 사후의 효라고 할 수 있다. 제례에는 돌아가신 날에 지내는 기제忌祭, 명절날 지내는 차례茶禮, 묘소를 찾아 지내는 묘제墓祭 등이 있는데, 제례라 하면 일반적으로 기제를 지낼 때의 의례를 말한다.

제사를 지내는 날은 우선 제사를 지낼 장소인 제청祭廳을 깨끗이 마련하고, 지방紙榜을 써 위패에 붙여 모시고, 제수祭需를 진설한 후 제사 순서에 따라 제사를 지낸다.

제사 순서 즉 제차祭次는 일반적으로 분향강신焚香降神, 참신參神, 초헌初獻, 아헌亞獻, 종헌終獻, 유식侑食, 계반啓飯, 삽시揷匙, 합문闔門, 계문啓門, 점다點茶, 철시撤匙, 복반復飯, 사신辭神, 음복飮福, 철상撤床의 순서로 진행되나, 그 집안에서 지켜 오는 의례에 따라 지내는 것이 일반적이다. 제례 후에는 제사에 쓴 음식을 이웃과도 나누어 먹는 풍습이 있었다.

제사상

제사 음식을 제수, 제사상 차리는 것은 진설이라 한다. 맨 앞에 과일, 둘째 줄에 포와 나물, 셋째 줄에 탕, 넷째 줄에 적과 전, 다섯 째 줄에 메(밥)와 갱(국)을 놓는다.

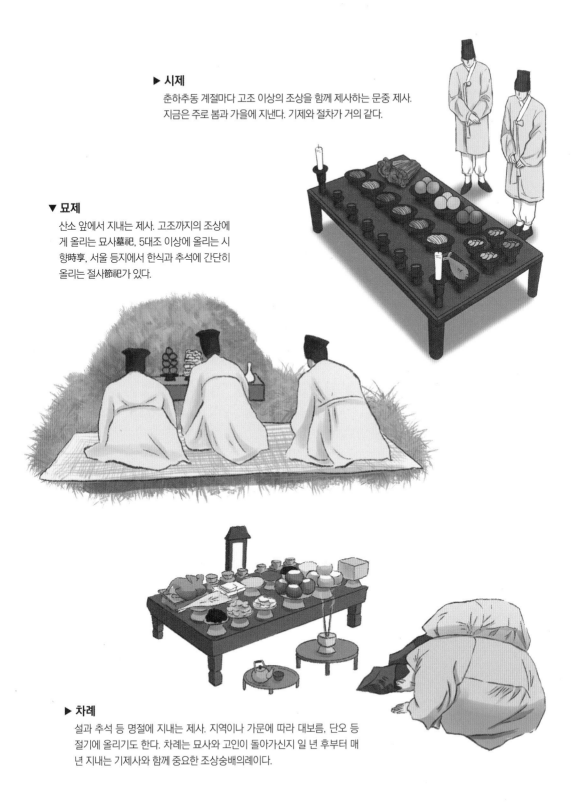

▶ **시제**
춘하추동 계절마다 고조 이상의 조상을 함께 제사하는 문중 제사.
지금은 주로 봄과 가을에 지낸다. 기제와 절차가 거의 같다.

▼ **묘제**
산소 앞에서 지내는 제사. 고조까지의 조상에
게 올리는 묘사墓祀, 5대조 이상에 올리는 시
향時享, 서울 등지에서 한식과 추석에 간단히
올리는 절사節祀가 있다.

▶ **차례**
설과 추석 등 명절에 지내는 제사. 지역이나 가문에 따라 대보름, 단오 등
절기에 올리기도 한다. 차례는 묘사와 고인이 돌아가신지 일 년 후부터 매
년 지내는 기제사와 함께 중요한 조상숭배의례이다.

6장

옛사람들의
인재를 키우는 일

인재를 키우는 데 절대적으로 필요한 교육은 인간이 삶을 영위하는 데 필요한 모든 행위를 가르치고 배우는 과정이며 수단을 말한다. 우리나라에서 체계적인 교육의 모습이 나타난 것은 삼국시대로, 이때부터 국가에 의한 학교 교육이 시작됐다.

고구려에서는 우리나라 최초의 학교라 할 수 있는 태학太學을 세워 귀족 등 특수층 교육을 담당하고, 지방에는 경당扃堂이라는 사학 교육기관에서 향촌 자제를 가르쳤다. 또 통일신라에서는 국학國學에서 귀족 자제 교육을 담당했다.

고려시대에 와서는 유교 이념에 의한 교육정책을 실시하여 국자감國子監이라는 최고 학부에서 교육의 중추적 구실을 하고, 지방에도 향교鄕校를 두어 중등 과정의 교육을 실시했다. 조선시대에는 강력한 유교 정책에 따라 충효를 근본으로 하는 교육을 실시했는데, 중앙에 최고 학부인 성균관成均館과 사학四學을 두었고, 지방에는 관립의 향교와 사립의 서당이 초중등 과정의 교육을 맡았다.

조선 말에는 육영공원育英公院이라는 근대적 교육기관이 설립돼 양반 자제들에게 영어·수학·지리 등 신교육을 실시했고, 외국 기독교 선교사들이 세운 배재학당·이화학당·경신학교·정신여학교 등의 근대식 학교에서는 본격적으로 신교육이 이뤄졌다.

한편, 교육 성적에 따른 인재 등용 방법으로 통일신라에서는 국학 내에 독서삼품과讀書三品科라는 제도를 두어 관리를 등용했고, 고려 초에는 과거科擧 제도를 중국에서 처음 들여와 시행했다. 이 과거제는 조선시대에 들어와 그 중요성이 더욱 커져 전국의 선비들이 이 시험에만 매달리는 부작용을 낳기도 했다.

학동들의 배움터, 서당

서당書堂은 예전에 한문을 사사로이 가르쳤던 글방으로, 사립 초등교육 기관이라 할 수 있다.

서당의 인적 구성은 대개 선생인 훈장訓長과 접장接長, 그리고 글을 배우는 학동學童으로 이루어진다. 훈장은 교육을 책임지고 가르치는 선생이고, 접장은 그를 돕는 조교 역할을 한다. 학동은 남자 아동으로, 대개 7~8세에 입학하여 15~16세에 마치는 것이 보통이었으며, 20세가 넘는 경우도 많았다.

서당의 형태는 문벌가나 유력가들이 서당을 세우고 훈장을 초빙하여 운영하는 형태, 문중에서 계를 조직하여 공동으로 서당을 세워 운영하는 형태, 훈장이 스스로 서당을 세워 운영하는 형태, 문중과 문중이 연립하여 운영하는 형태 등이 있었다. 1921년 당시 서당 수는 전국에 2만 5472개였으며, 학동 수는 29만 8087명이었다. 서당의 교육 내용은 기초적인 한문 교재인 『천자문千字文』에서 시작해 중국 역사책인 『통감通鑑』 정도까지 가르쳤다.

처음에는 서당이 기초교육 기관으로 전국에 많이 설치되어 번창했으나, 조선 말기에 이르러서는 사회적으로 매관매직이 성행하고 부정부패 풍조가 만연하는 등 서당에 의한 교육의 기본적 질서가 무너져 교육적 실효를 거둘 수 없게 되고, 문자해독 교육 구실 밖에 하지 못했다.

서당
조선시대의 초등교육 기관. 유학에 바탕을 둔 한문 교육이 주로 이뤄졌다.

천자문
한문을 배울 때 사용한 입문서. 1구 4자 250구, 모두 1000자의 고시古詩이다.

선비들의 유일한 출세길, 과거

과거科擧는 관리를 뽑을 때 실시하던 시험이다. 우리나라에서는 고려 광종 9년(958년)에 처음 실시했으며 조선시대에 그 중요성이 아주 커진 제도이다.

조선시대에 관리가 되려면 반드시 과거 시험을 통과해야 했는데, 여기에는 문관을 뽑는 문과, 무관을 뽑는 무과, 기술관을 뽑는 잡과가 있었다. 고급 관료로 출세하기 위해서는 문과에 합격해야 했다.

문과 시험은 소과小科와 대과大科 2단계로 나누어 실시했다. 소과는 유교 경전의 이해도를 알아보는 생원과生員科, 시와 산문의 문장력을 시험하는 진사과進士科로 나뉜다. 대과는 소과 합격자와 성균관 유생 등이 응시할 수 있었으며, 첫 번째 시험인 초시初試에서 200명을 뽑고, 두 번째 시험인 복시覆試에서 33명을 뽑았다. 마지막으로, 왕 앞에서 치르는 전시殿試는 왕이 직접 최종 합격자를 결정했는데, 이때 일등 하는 것을 장원급제壯元及第라 했다. 장원급제는 본인은 물론 그 집안과 고을의 영광으로 알았고, 급제자는 어사화를 쓰고 말을 탄 채 3일 동안 풍악을 울리며 거리 행진을 하고 스승과 어른들을 찾아 인사를 올리는 삼일유가三日遊街를 행했다.

한편, 잡과에는 통역관을 뽑는 역과譯科, 형법을 시행하는 율과律科, 의술에 능한 자를 뽑는 의과醫科, 천문·지리에 밝은 자를 뽑는 음양과陰陽科가 있었다.

과거제
조선시대에는 유교 경전 시험을 거쳐 관리를 등용했다.

지방 인재들의 요람, 향교

향교鄉校는 고려와 조선시대에 지방에서 유학을 교육하기 위해 설립한 관립 교육기관이다.

고려는 건국 후 유교를 새 질서의 근간으로 새로운 정치 이념을 구현할 목적으로 향교를 설립했지만, 우리 역사에서 향교가 적극적인 유학 교육의 면모를 나타내는 것은 조선시대에 이르러 군현제의 재정비가 이루어진 이후였다.

향교를 운영하기 위해서는 향교 건물의 설치와 보수 유지 외에도 선생인 교수관教授官의 후생비, 교생들의 숙식비, 석전제釋奠祭와 향음례鄉飲禮 비용 등이 필요했기 때문에, 각 군현에서는 향교에 학전學田이라는 토지와 학노비學奴婢라는 하인을 제공하여 운영에 차질이 없도록 했다.

향교의 교수관은 교수教授와 훈도訓導로 구분하여 배정하고, 교생은 최고 신분인 양반 자제만을 대상으로 하는 것이 원칙이었으나 세종 이후에는 누구나 독서를 원하면 향교에서 교육을 받을 수 있도록 했다. 향교 교생의 정원은 처음에는 부·대도호부·목에 50명, 도호부에 40명, 군에 30명, 현에 20명으로 정했다가, 세조 이후는 각각 90명, 70명, 50명, 30명으로 조정했다. 교육 내용은 시문을 짓는 수업과 유교 경전 공부가 주였으며, 이는 과거 시험의 생원시와 진사시 시험 과목과 연계성이 있는 것이었다.

건물 배치는, 그 대지가 평지인 경우는 전면에 선현에게 제사 지내는 배향配享 공간을 두고, 후면에 공부하는 강학講學 공간인 명륜당明倫堂을 두었으며, 대지가 경사진 경우는 그 반대로 배치했다. 그러나 예외적으로 밀양향교는 동쪽에 강학 공간을, 서쪽에 배향 공간을 두었다.

강릉향교
고려시대 건립된 향교. 영동 지방의 행정과 문화 중심지였다.
대성전은 보물 제214호로 지정됐다.

▼ 밀양향교
고려 말 창건. 유학자들의 신주를 모신 배향 공간과
학문을 닦는 강학 공간이 동서로 배치돼 있다.

▶ 공주향교
조선 초기 웅진산에 건립, 1623년 지금의 교동 위치
로 이건했다. 배치도를 보면 3칸의 대성전, 동무, 서
무, 신문, 제기고, 명륜당, 강학루, 동재, 서재, 존경각,
외삼문, 고직실 등이 남아 있다.

① 대성전

② 서무

③ 동무

④ 내상문

⑤ 명륜당

⑥ 제기고

⑦ 외상문

⑧ 고직사

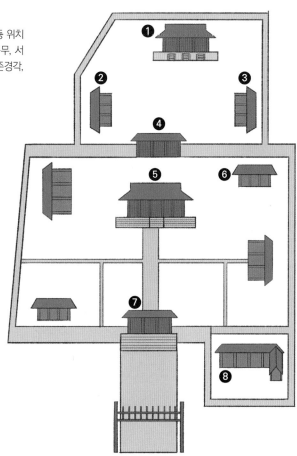

사설 교육과 향촌 자치를 담당한 서원

서원書院은 조선 중기 이후 학문 연구와 선현 제사를 위해 설립된 사설 교육기관이다. 우리나라의 서원은 1543년(중종 38년) 경북 영주 풍기군수 주세붕周世鵬이 고려 말 학자 안향安珦을 제사하기 위해 순흥에 세운 백운동서원白雲洞書院이 최초이다. 이 서원은 1550년(명종 5년) 사액을 받아 소수서원紹修書院으로 불리고 있다.

서원을 구성하고 있는 건축물은 크게 선현을 제사지내는 사당祠堂, 교육을 실시하는 강당講堂, 학생 등이 숙식하는 동재東齋와 서재西齋가 중심을 이루고 이 외에 서적이나 문집을 펴내는 장판고藏版庫, 서적을 보관하는 서고書庫, 제사에 필요한 기구를 보관하는 제기고祭器庫, 서원 관리와 식사 준비를 담당하는 고사庫舍, 시문을 짓고 대담하는 누각樓閣 등이 있다.

서원은 시일이 지남에 따라 본연의 취지에서 벗어나 대민 착취와 부패로 인해 민폐가 심하고 선비들의 당쟁 소굴이 되면서 사회적으로 큰 문제가 되었는데, 1864년(고종 1년) 정권을 장악한 흥선대원군에 의해 크게 정비되어 전국에 47개소만 남게 됐다.

도산서원

퇴계 이황이 세상을 떠난 뒤 제자들이 건립한 서원이다.
원래 이황이 도산서당을 세우고 유생을 가르치던
곳이다. 경북 안동에 있으며, 2019년 유네스코
세계문화유산에 등재됐다.

▶ **도동서원**

　이황이 칭송한 조선 전기
성리학자 김굉필의 학문과
덕을 숭앙하기 위해 세운 서원
이다. 우리나라 서원 건축의 전형
이라 할 만큼 건축의 완성도와 공간
구성이 뛰어나다. 흥선대원군의 서원철폐
당시 훼철되지 않은 47개 서원 중 하나.
도산, 소수, 병산, 옥산서원과 함께 5대 서원으로 꼽힌다.

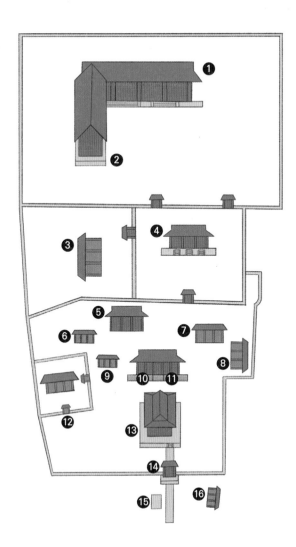

◀ **소수서원**

　우리나라 최초의 서원. 명종이 친필로 편액을 내
리는 등 공인 교육기관으로 자리매김하고, 이후
다른 서원들의 설립과 운영에 큰 영향을 미쳤다.
지방 사림들의 정치사회 활동의 중심이 되었으며,
서원 건립 초기인 만큼 건물 배치가 자유로웠다.

❶ 충효 교육관　❾ 장서각

❷ 사료 전시관　❿ 직방재

❸ 고직사　　　⓫ 일선재

❹ 유물관　　　⓬ 문성공묘

❺ 영정각　　　⓭ 명륜당

❻ 진사청　　　⓮ 외문(사주문)

❼ 학구재　　　⓯ 생단

❽ 지락재　　　⓰ 경령정

조선의 국립대학, 성균관

성균관成均館은 1398년(태조 7년) 유학 교육을 담당하기 위해 설치한 최고 국립 교육기관이다. 공자를 제사하던 문묘文廟와 유학을 강론하던 명륜당 등으로 이루어졌다.

우리나라 최고 학부의 명칭으로 '성균成均'이란 말을 처음 사용한 것은 1298년(충렬왕 24년)에 종전의 국자감國子監을 성균감成均監이라 개칭한 데서 비롯된다. '성인재지미취成人才之未就聚(인재로서 아직 성취하지 못한 것을 이루고), 균풍속지부제均風俗之不齊(풍속으로서 가지런하지 못한 것을 고르게 한다)'에서 앞 글자를 따온 것이 그 어원이다.

조선왕조는 한양에 도읍을 정한 후 1395년(태조 4년)부터 성균관 건축 공사를 시작해 3년 만에 대성전大成殿을 비롯한 주요 건물을 완공했으나, 1592년(선조 25년) 임진왜란으로 전소돼 1601년부터 26년간 다시 재건했다.

직제는 정3품의 대사성大司成 이하 22인의 관리를 두었고, 2품 이상의 고위 관리 중 학덕이 높은 자를 성균관제조成均館提調를 겸임시켜 교육에 임하도록 했다. 성균관 유생의 정원은 초기에는 150명이었다가 세종 때 200명으로 증원했으며, 입학 자격은 양반 사대부 자제로서 생원과 진사 시험 합격자, 사서오경 중 하나 이상 능통한 자, 공신과 3품 이상 관리의 적자, 관리 중 입학을 원하는 자 등이었다. 운영 재원 중 중요한 것이 학전이라는 토지와 각종 잡무를 하는 노비였으며, 중기 이후에는 각 지방의 토지에서 조세를 받아 운영비로 충당하기도 했다.

성균관은 조선 말에 이르러 근대적인 교육기관과 신교육의 대두로 그 중요성이 점차 줄어 1887년(고종 24년)에 경학원經學院으로 명칭을 고쳤다가 1910년 폐지했다.

대성전

성균관은 유학교육 기관일 뿐 아니라 유학 선현의 제사를 받드는 향사享祀 역할도 했다. 대성전은 공자 등의 위패를 모신 사당으로 문묘 행사를 거행한 곳이다.

▲ **명륜당**
교육 공간의 중심 건물로, 유생들은 이곳에서 학문을 배웠다.
왕이 들러 유생들을 격려하거나 직접 가르치고 실력을 시험하기도 했다.

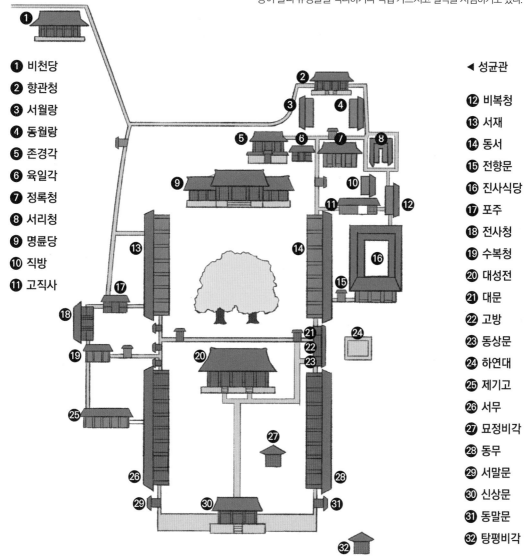

◀ **성균관**

❶ 비천당
❷ 향관청
❸ 서월랑
❹ 동월랑
❺ 존경각
❻ 육일각
❼ 정록청
❽ 서리청
❾ 명륜당
❿ 직방
⓫ 고직사

⓬ 비복청
⓭ 서재
⓮ 동서
⓯ 전향문
⓰ 진사식당
⓱ 포주
⓲ 전사청
⓳ 수복청
⓴ 대성전
㉑ 대문
㉒ 고방
㉓ 동상문
㉔ 하연대
㉕ 제기고
㉖ 서무
㉗ 묘정비각
㉘ 동무
㉙ 서말문
㉚ 신상문
㉛ 동말문
㉜ 탕평비각

근대교육, 독립운동을 이끌다

19세기 말 일본을 비롯한 세계 각국과 맺은 통상조약에 따라 문호가 개방되면서 교육 방면에서도 근대 교육사조에 입각한 신교육 실시가 요청됐다. 이에 따라 정부에서는 새로운 교육체제 확립을 위한 근대 교육기관으로 1886년(고종 23년) 육영공원育英公院을 설치하고 미국인 교사를 초빙하여 수학·지리학·외국어·정치·경제·자연과학 등을 가르쳤는데, 오래지 않아 1894년에 폐지됐다.

이 시기 우리나라에 유입된 기독교는 근대학교 설립의 선구적 역할을 했는데, 1885년 미국 선교사 아펜젤러Appenzeler가 세운 배재학당培材學堂을 비롯해 1886년 스크랜턴Scranton 선교사가 세운 이화학당梨花學堂과 언더우드Underwood 선교사가 세운 경신학교儆新學校 등이 그것이다.

한편, 민간에 의해 설립된 사학은 1883년 개항장 원산에 설립된 원산학사元山學舍가 최초이며, 그 후 1905년에 양정의숙養正義塾과 보성학교普成學校, 1906년에 진명여학교進明女學校와 숙명여학교淑明女學校, 휘문의숙徽文義塾 등이 설립되어 오늘날까지 오랜 전통을 자랑하고 있다.

이와 같은 교육운동은 곧 일제로부터의 독립을 쟁취하려는 학생운동으로 발전해 1919년의 2·8독립선언운동과 3·1운동에서 우리의 독립 의지를 전 세계에 펼쳐 보였고, 1926년의 6·10만세운동과 1929년의 광주학생운동 때에도 앞장서 독립운동을 이끌었다.

이화학당
1886년 선교사 스크랜턴이 세운 초·중·고등과정 여성 교육기관으로, 한국 여성교육의 효시이다.
축첩제도 등 구습 폐지에 기여하는 등 여성해방의 선구 역할을 했다.

신체를 단련하다, 무술 무예

우리나라에서는 고대로부터 학문을 닦는 것뿐만 아니라 무술과 무예를 필수적인 요소로 중시하며 신체단련을 장려했다. 육체의 건전한 발육을 꾀하는 체육은 개인의 신체를 튼튼히 하는 목적만이 아니라 상대와의 힘겨룸이나 더 나아가 적군과의 전투에서도 절대적으로 필요했기 때문이다.

특히 삼국 간 쟁탈전이 치열했던 삼국시대부터는 무인정신이 널리 조성되어 스스로 무장하기 위한 심신 단련의 무예가 널리 유행했다. 고구려에서는 일찍이 각저角觝가 성행했는데, 두 사람이 씨름하듯 맞붙어 힘을 겨루거나 또는 여러 가지 기예와 활쏘기, 말타기 따위를 겨뤘다. 주로 손을 써서 상대를 공격하거나 수련하는 무예인 수박手搏도 행했다.

삼국시대인 7세기경부터 시작된 격구擊毬는 페르시아에서 시작돼 중국 당나라를 거쳐 우리나라에 들어왔는데, 젊은 무관이나 민간의 상류층 청년들이 말을 타거나 걸어 다니면서 공채로 공을 치던 무예이다. 무예의 한 과목으로 인정했던 고려와 조선시대에 크게 성행했고, 여인들도 즐겼다고 한다.

마군馬軍이 달리는 말 위에서 여러 가지 무예를 행하는 마상재馬上才는 조선시대 무예 24반 가운데 하나였다. 총 쏘기, 옆에 매달리기, 엎드려 달리기, 거꾸로 서서 달리기, 자빠져서 달리기, 가로누워 달리기, 옆에 거꾸로 매달려서 달리기, 두 마리 말 타고 서서 총 쏘기 등이 있었다.

우리나라 고유의 전통 무예 가운데 하나인 택견은 고조선 때 시작된 것으로, 유연한 동작을 취하며 움직이다가 순간적으로 손질과 발질을 하여 그 탄력으로 상대방을 제압하고 자기 몸을 방어한다.

택견
유연하고 율동적인 보법으로 상대를 발로 차거나 넘기는 전통무예. 조선 후기 도화서 화원 유숙의 풍속화 〈대쾌도〉에 택견 장면이 그려진다.

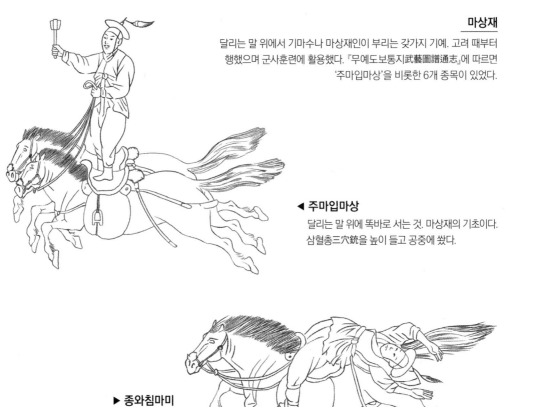

마상재

달리는 말 위에서 기마수나 마상재인이 부리는 갖가지 기예. 고려 때부터
행했으며 군사훈련에 활용했다. 『무예도보통지武藝圖譜通志』에 따르면
'주마입마상'을 비롯한 6개 종목이 있었다.

◀ 주마입마상
달리는 말 위에 똑바로 서는 것. 마상재의 기초이다.
삼혈총三穴銃을 높이 들고 공중에 쐈다.

▶ 종와침마미
말꼬리를 베고 누워서 달리는 동작이다.

무예훈련

성 안의 생활상을 그린 조선 후기 풍속화〈태평성시도〉에는
성을 지키는 병사들이 칼과 창, 활과 장대를 이용해 무예훈련을
하는 모습이 나타난다. 임진왜란 이후 무예와 병서를 강습, 무관을
양성하는 무학당이 전국에 설치됐다.

7장

옛사람들의
일과 경제

인간은 생활을 영위하기 위해 일을 해야 한다. 일을 통해 생활에 필요한 재화나 용역을 생산하고, 이를 분배하고 소비하는 경제 활동을 해왔다. 우리 민족은 원시시대부터 채집과 어로, 수렵 생활을 거쳐 삼국시대와 통일신라에는 농업을 주업으로 하는 농본사회로 발전했다.

고려시대에는 전시과田柴科를 제정해 관료들에게 지위에 따라 토지와 임야를 제공하고, 국가에서 수납하던 전세의 징수권을 관료에게 이양했다. 또한 개경을 중심으로 시전을 설치함으로써 상업이 발달하고 화폐가 사용되기 시작해, 초기의 은병화銀瓶貨를 비롯해 삼한통보三韓通寶와 삼한중보三韓重寶가 통용됐다.

조선왕조에서도 여전히 농업을 중시, 농본정책을 채택했으며 초보적인 수공업도 발달하여 장인匠人들이 생겨났다. 상업도 육의전六矣廛이라는 6개 전문 시전을 두어 장려하고, 저화楮貨와 조선통보朝鮮通寶·상평통보常平通寶 등의 화폐가 유통됐다. 또한 보부상褓負商들이 활발하게 활동하며 생산자와 소비자 사이에서 중개상 구실을 했다. 세제 면에서도 대동법大同法을 실시해 공물을 쌀로 통일하여 내게 함으로써 하급 관리와 상인들이 농간을 부리던 방납防納의 폐해를 없앴다.

농사는 하늘의 뜻이다

농사는 인간 생활에 필요한 곡식류의 씨나 모종을 심어 기르고 거두는 일이다. 예로부터 농사를 천하의 큰 근본 즉 농자천하지대본農者天下之大本이라 했고, 농사가 잘 되기 위해서는 가뭄과 장마 없이 적당한 비가 내려야 한다고 하늘에 기원하는 민속이 성했다.

이렇게 중요한 농사에 필요한 물을 관리하기 위해 백제에서는 일찍이 벽골제碧骨堤라는 저수지를 축조했고, 조선시대에는 농업 연구서로 『농사직설農事直說』, 『감저신보甘藷新譜』 등을 펴냈다.

우리나라 벼농사는 일찍이 한강 유역에 근거하던 백제에서 처음 시작된 것으로 보이며, 신라에서는 보리를 주작물로 재배했다. 고려시대에 들어와서는 벼 이외에 보리·밀·조·기장·수수·콩·팥·녹두 등을 재배했고, 채소류로 배추·무·오이·가지·파 등도 재배했다.

조선시대에는 토지제도를 개혁하면서 권농정책을 강력히 시행하고 농우農牛를 기르는 일에 힘썼다. 또한 경작과 타작에 필요한 농기구를 개발하고 두엄·인분·우마분 같은 비료를 사용해 수확량을 늘리기 위한 노력을 했다. 후기에 들어서는 제방을 개수하고 수차水車를 제조, 보급하는 등 수리 정책에 힘쓰고 구황작물로 들여온 고구마와 감자, 옥수수 등을 재배하여 흉작에 대비했다.

농우
농사일에 부리는 소를 말한다.
전통 농업사회의 중요한 동력이었다.

▶ **가래**
흙을 파헤치거나
떠서 던지는 기구.

▲ **고무래**
곡식을 그러모으고 펴거나, 밭의 흙을 고르거나
아궁이의 재를 긁어모으는 데 쓰는 'ㅜ' 자 모양
의 기구.

▶ **용두레**
낮은 곳의 물을
높은 곳의 논이나 밭으로
퍼 올리는데 쓰는 기구.

▲ **갈퀴**
검불이나 곡식 따위를
긁어모으는 데 쓰는 기구.

▼ **괭이**
땅을 파거나 흙을 파는 데
쓰는 기구.

◀ **호미**
김을 매거나 감자·고구마
따위를 캘 때 쓰는 기구.

◀ **따비**
땅을 일구는 기구.

▶ **살포**
논에 물꼬를 트거나
막을 때 쓰는 기구.

▲ **쟁기**
논밭을 가는 기구.

◀ **키**
곡식 따위를 까불러 쭉정이나 티끌을 골라내는 기구.

◀ **벼훑이**
벼의 알을 훑는 기구.

▶ **도리깨**
곡식의 낟알을 떠는 데
쓰는 기구.

▲ **풍구**
곡물에 섞인 쭉정이·겨·먼지 따위를
날려서 제거하는 기구.

◀ **탈곡기**
벼, 보리 등을
탈곡하는 기구.

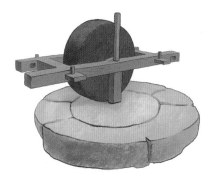

▲ **연자방아**
연자매를 쓰는 방아.

▼ **개상**
볏단을 메어쳐서
이삭을 떨어내는 기구.

▶ **매통**
주로 겉겨를
벗기는 데 쓰는 기구.

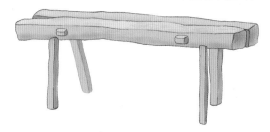

▶ **물레방아**
떨어지는 물의 힘으로 바퀴를 돌려
곡식을 찧거나 빻는 기구.

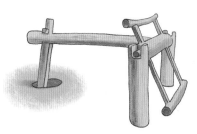

◀ **디딜방아**
발로 디디어 곡식을
찧거나 빻는 방아.

◀ 멱서리
짚으로 촘촘히 결어서 만든
곡식 담는 그릇.

▶ 지게
짐을 얹어 사람이 등에
지는 운반기구.

▶ 둥구미
곡식 등을 담는
짚으로 만든 그릇.

▶ 멍에
수레나 쟁기를 끌기 위해
소나 말의 목에 얹는 구부러진 막대.

◀ 신틀
미투리나 짚신을 삼을 때
신날을 걸어 놓는 틀.

▶ 써래
갈아놓은 논바닥을 고르거나
흙덩이를 잘게 부수는 기구.

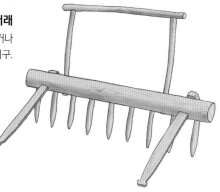

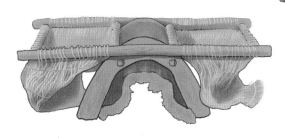

◀ 발채
볏단이나 보릿단을 소 등에
얹어 운반하는 기구.

농사의 애환,
공동체 의식으로 달래다

농사가 천하의 큰 근본이며 그 중요성이 매우 큼을 강조한 조선시대에는, '사농공상士農工商'이라 하여 농부를 선비 다음가는 사회적 위치에 두었다.

그러나 정작 농업에 종사하는 농부는 고된 노역에 시달리고 탐관오리의 수탈 대상이 되는 등 그리 좋은 대우를 받지 못했다. 조선 말에 일어난 동학혁명도 고부군수의 탐학에 분노한 농민들이 일으킨 항거였다.

이처럼 양반의 탐학과 속박이 심한 중에도 가끔은 대우받는 일이 없지는 않았다. 김구 선생의 『백범일지白凡逸志』에 보면, 호남 지방의 모내기 시기에 농부가 아침에 일을 나갈 때는 사명기司命旗를 들고 꽹과리와 북을 울리며 야외에 나가 농기農旗를 세우고 모를 심는데, 이때 선소리꾼이 북을 치고 농가農歌를 인도하면 남녀 농군은 손을 흔들고 발로 뛰면서 일을 했다고 한다. 그러면 농사 주인은 탁주를 논두렁에 여기저기 동이로 놓아두어 마음대로 먹게 하고, 행인이 지나가면 다투어 권했다. 또 농부들이 음식을 먹을 때는 현직에 있는 감사나 수령이라도 말에서 내려 고맙다는 말을 하고 지나갔다고 한다.

▼ 전남 진도 들노래 풍경
모내기를 할 때 농악단을 꾸려 농악 연주를 하고
노래도 부르는 등 애환을 달랬다.

전쟁과 식용을 위한 축산

축산은 소나 말·돼지·닭 등의 가축을 길러 생활에 유용한 물질을 얻는 일이다. 이 중 말은 전쟁용으로, 소는 농사 및 식품용으로 중요한 위치를 차지했다.

예로부터 우리나라에 소나 말 등 가축이 있었다는 것은 김해패총 등 유적을 통해 알 수 있으며, 고려시대에는 가축 사육 목적이 군사용과 농사용으로 발전하여 마정馬政과 농우農牛 확보를 국방과 정권 유지의 중요한 요건으로 인식했다. 또 제사용으로 가축을 쓰는 경우가 많아져 소나 말 외에도 돼지·닭·거위·오리 등의 사용을 권장했다.

조선시대에는 말에 대한 중요성이 더욱 커져 국가 소유의 마필이 늘었다. 그 밖의 축산은 상류 관료나 부호들이 독점하면서 산업적으로 널리 발전되지 못하고 본래의 형태에 머물러 있었다. 그러나 축산에 관한 연구는 지속적으로 이루어져 『신편집성마의방新編集成馬醫方』, 『우의방牛醫方』, 『목장지도牧場地圖』 등의 축산 관련 전문서가 편찬됐다.

▼ 6축
우리나라는 일찍부터 소·말·양·돼지·개·닭의 사육을 시작했는데,
식용 및 군사나 제물용이 목적이었다.

어업의 보고, 삼면의 바다

주로 바다에 사는 어류나 해조류를 잡거나 기르는 산업을 어업이라고 하며, 우리나라는 삼면이 바다로 둘러싸여 있는 천혜적인 조건으로 일찍이 어업이 발달했다. 이는 선사시대의 유적인 패총이나 울주의 반구대 암각화 등에서 입증되고 있다.

삼국시대에 들어와 신라에서는 탈해왕이 본래 고기낚시를 생업으로 삼았다는 기록이 있고, 통일신라에 와서는 다시마를 비롯한 해조류의 채취도 활발히 이루어졌다. 고려시대에도 해조류와 미역·조개·소라·새우·젓갈 등 수산물 전반을 거의 망라하여 채취했고, 어업을 생업으로 하는 사람들이 하나의 마을을 이룬 어촌이 생겨났다.

조선시대의 어업은 전통 어구의 제조와 어선 제작술이 전 시대에 비해 발달된 모습을 보였으나 질적인 면에서는 별 진전이 없었던 것 같다. 한편, 조선 말 학자 정약전丁若銓이 저술한 『자산어보茲山魚譜』는 여러 가지 수산물을 채집, 조사한 결과를 종합한 것으로, 어류 연구에 중요한 자료가 되고 있다.

우리나라 특유의 여성 어로자인 해녀海女는 특정한 장치 없이 바닷속에 들어가 해삼이나 전복, 미역을 채취하는 것을 업으로 삼고 있다. 해녀는 특히 제주도 지역에 많이 몰려 있는데, 그 기원은 자연발생적으로 생업 수단의 하나로 시작되었으리라 보고 있다.

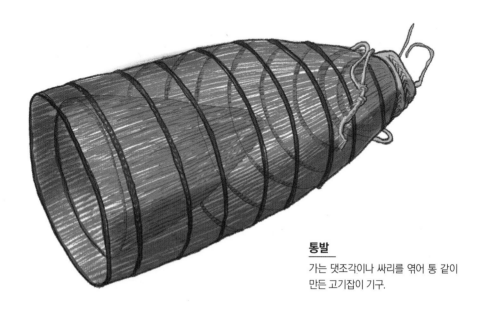

통발
가는 댓조각이나 싸리를 엮어 통 같이
만든 고기잡이 기구.

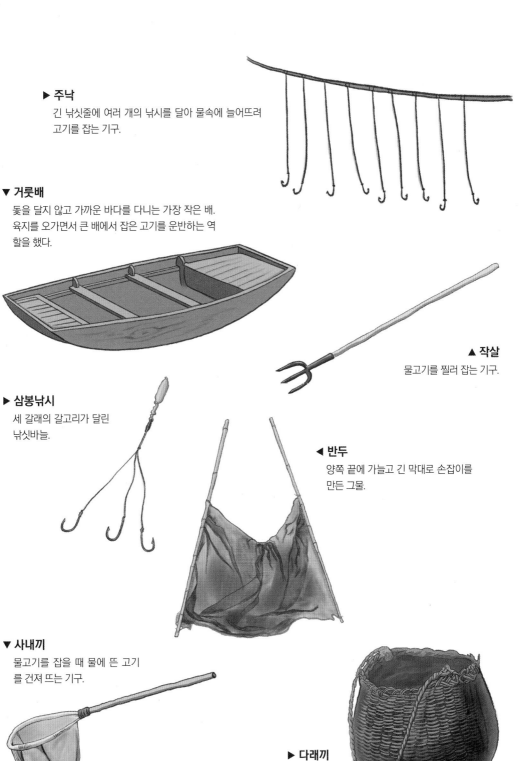

▶ 주낙
긴 낚싯줄에 여러 개의 낚시를 달아 물속에 늘어뜨려
고기를 잡는 기구.

▼ 거룻배
돛을 달지 않고 가까운 바다를 다니는 가장 작은 배.
육지를 오가면서 큰 배에서 잡은 고기를 운반하는 역
할을 했다.

▲ 작살
물고기를 찔러 잡는 기구.

▶ 삼봉낚시
세 갈래의 갈고리가 달린
낚싯바늘.

◀ 반두
양쪽 끝에 가늘고 긴 막대로 손잡이를
만든 그물.

▼ 사내끼
물고기를 잡을 때 물에 뜬 고기
를 건져 뜨는 기구.

▶ 다래끼
아가리가 좁고 바닥이 넓은 바구니.

물고기 백과사전, 『자산어보』

1814년(순조 14년) 흑산도에 귀양 가 있던 정약전(1758~1816)이 지은 『자산어보』는 농업을 위주로 하던 조선시대에 어류에 대한 연구로 어부들에게 유익한 정보를 제공한 특이한 저술이다. 『자산어보』의 한 자 '玆'는 '검다'의 뜻으로 '자산'은 '흑산' 곧 흑산도를 의미한다. 정약전은 유명한 실학자 정약용丁若鏞 의 둘째 형으로 일찍이 천주교인이 돼 전도에 힘쓰다가 1801년에 일어난 천주교 탄압 사건인 신유박 해 때 체포돼 흑산도에 귀양 가서 그곳에서 순교한 학자이다.

흑산도 인근 바닷속에는 어족이 극히 많으나 이름이 알려져 있는 것은 거의 없었는데, 정약전은 이를 조사해 어보를 만들기로 결심하고 섬 안에서 어류에 대해 조사를 하고 있던 주민의 도움을 받아 55항 목 156종의 근해 수산 동식물의 이름과 분포, 형태와 습속 등을 기록해 총 3권으로 구성된 이 책을 펴 냈다.

제1권은 인류鱗類 즉 비늘 달린 어류로 청어·전어·편어·고등어 등 20항목 73종을, 제2권은 무인류 즉 비늘 없는 어류와 조개류로 오징어·장어·인어·해삼·바다조개·바다거북·게 등 31항목 43종을 서술했 다. 제3권은 잡류로 해충·해금·해수·해초 등 4항목 40종으로 분류하여 서술했는데, 그 분류법이나 내 용이 완전하지는 않지만 실제로 견문한 것을 토대로 내용의 충실을 기하려 한 실학적인 태도는 높이 평가돼야 할 것이다.

또한 이 책에서 중요시되는 사항들은 청어와 고등어의 회유回游와 분포에 관한 기록, 어류 명칭의 방 언 조사 기록, 어류의 의약학상 성능 기록 등을 들 수 있다.

자산어보
1814년 정약전이 쓴 어류학서.
흑산도 근해 수산 동식물을 다뤘다.

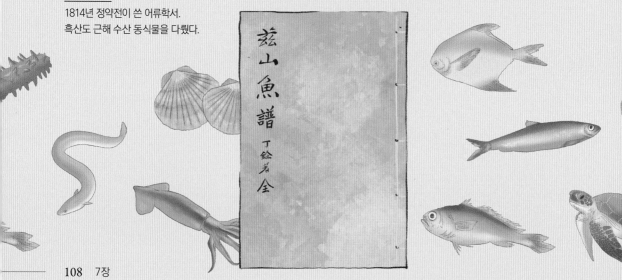

연장과 기구의 장인, 대장장이

대장장이는 쇠나 구리, 주석 등 쇠붙이를 달구고 두드려 연장과 기구를 만드는 장인으로, 한자어로 야장冶匠이라고 한다.

대장장이는 청동기의 출현과 함께 등장한 것으로 보이는데, 신라 때 이미 축야방築冶房이라는 관서가 있어 무기와 생활용품, 농기구 등을 제작하는 등 대장장이의 활동이 활발했음을 알 수 있다.

대장장이에는 놋쇠를 다루는 유철장鍮鐵匠, 철의 합금을 다루는 주철장鑄鐵匠, 무쇠를 다루는 수철장水鐵匠이 있었는데, 이 중 수철장이 가장 대접을 받았고, 조선 후기에 와서는 대장장이 하면 수철장만을 이르게 되었다.

대장장이 중에는 관청의 수공업장에서만 일하는 이도 있었지만, 스스로 농기구 등 생활용품을 만들어 시장에 판매하거나 물물교환으로 재화를 획득하여 생활하는 이도 있었다.

대장장이의 작업장인 대장간에는 풀무와 화로가 기본적으로 설치되고, 그밖에 메와 망치, 집게 등이 있었다. 작업 소요 시간은 호미 하나를 만드는데 한 시간 정도 걸렸다 한다.

〈대장간〉
달구어진 쇠를 망치로 두드리는 대장장이들과 풀무질 하는 소년을 그린 김홍도 작품. 국립중앙박물관 소장.

베틀 놓고 씨앗 잣고, 전통 방직

방직紡織은 동식물이나 광물질에서 잣아낸 실로 천을 짜고 물을 들이는 일을 통틀어 일컫는 말이다. 가내에서 부녀자들이 소규모로 행할 경우는 길쌈이라는 용어를 많이 쓴다.

우리나라에서 방직에 대한 기록을 보면, 이미 삼한시대에 뽕을 재배하여 누에를 치고 직물을 짰다고 하며, 마한인은 누에치기를 알고 면포를 짠다고 했다. 이로써 서기 2, 3세기에 벌써 여러 가지 동식물 원료에서 실을 잣고 천을 자는 일이 일반화되었음을 알 수 있다. 5, 6세기 신라에서는 명주와 삼베 등의 전통적인 생산 기법이 있었음이 천마총 유적에서 확인되고, 이것이 통일신라와 고려를 거쳐 조선시대까지 계승됐음을 볼 수 있다.

우리 방적 역사상 획기적인 사실은 고려 말 문익점文益漸이 면화를 들여온 일이다. 면화 재배에 성공한 후 물레 만드는 법을 배워 이를 이용해 실을 만들고, 또 이를 가공해 의복을 지어 입은 역사는 방직사는 물론 의생활사에 길이 남을 사건이다.

베틀

무명, 명주, 모시, 삼베 따위의 피륙을 짜는 틀.
무명과 명주는 시기를 가리지 않으나 삼베와 모시
는 추석 즈음 찬바람이 불기 시작하면 짜지 못했다.

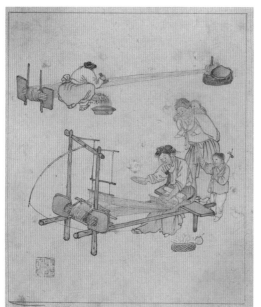

◀〈길쌈〉

조선 후기 김홍도의 풍속도 화첩에 수록된 그림. 여인
들이 실 잣고 천 짜는 모습을 그렸다. 국립중앙박물관
소장.

▶ 물레

솜이나 털에서 실을 자아내는 재래식 틀.
여러 개의 살을 끈으로 얽어맨 바퀴와
설주 부분으로 이뤄져 있다.

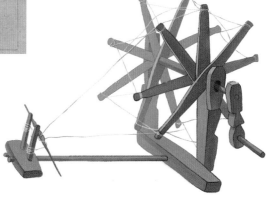

◀ 씨아

목화씨를 빼는 기구.

▼ 돗자리틀

왕골이나 골풀의 줄기 등으로
돗자리를 짜는 틀.

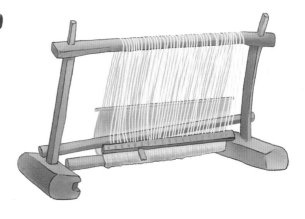

교환경제의 전문가, 보부상

보부상褓負商은 봇짐장수인 보상褓商과 등짐장수인 부상負商을 통틀어 일컫는 말이다. 보상은 정밀한 세공품이나 값이 비싼 사치품 등의 잡화를 보자기에 싸서 들거나 질빵에 걸머메고 다니며 판매하고, 부상은 값싼 일용품 등 가내 수공업 물품들을 지게로 지고 다니면서 판매했다.

부상의 기원은 고대사회로 거슬러 올라가는 것으로 보이나 정식으로 부상단負商團이 조직된 것은 조선 초기이며, 보상단褓商團은 후기에 나타났다. 상점 점포가 아직 발달하지 않았던 조선시대에 행상은 상품 유통의 주된 담당자였으며, 교환경제의 전문가였다.

보부상은 그들의 권익을 위해 단체를 이루어 활동을 조직적으로 영위했는데, 보부상 조직에서 가장 특징적인 것은 민주적인 투표로 임원을 선출하고 안건 심의를 위해 정기총회를 개최했다는 사실이다. 이처럼 보부상의 활동이 눈에 띄게 두드러지자 정부에서는 1883년(고종 20년) 혜상공국惠商公局을 설립하고 보부상을 통합 관리했는데, 이는 보부상의 전국적인 조직을 정치적으로 이용하고 행상업을 관장하면서 상품 유통세를 징수하기 위함이었다.

반면, 보부상은 정부의 관리와 보호를 받음으로써 관리들의 수탈을 피할 수 있었고, 전국적인 조직으로 발전하게 됨에 따라 친정부적인 보수 세력으로 변해갔다. 때문에 1894년 동학농민혁명 때는 1천여 명의 보부상들이 동원되고, 1898년 독립협회 주최의 만민공동회 때에도 황국협회에 소속된 보부상들이 그 탄압에 앞장섰다.

부상
등짐장수인 부상은 생산지와 소비자 간 중간자 역할을 했으며, 전국적 조직을 갖췄다.

보부상 영수의인
보부상이 쓰던 유물. 물건을 팔고 찍었던 인장과 직인 등이며, 봉정기와 신표 등도 남아 있다.

투철한 상혼의 개성상인

개성상인은 옛 고려의 수도 개성을 중심으로 활동하던 상인으로, 상인정신이 투철하고 재산 증식에 뛰어난 것으로 유명하다.

고려시대 예성강 입구의 벽란도碧瀾渡는 일종의 국제 무역항으로서, 중국 송나라와 일본, 그리고 멀리 아라비아와의 무역 중심지로 발달했다. 이 근처에 위치한 개성도 일국의 수도로서 외국 사신의 빈번한 왕래에 의한 공무역과 외국 상인에 의한 사무역이 활발하여 상업도시로 발달하게 됐다. 또 고려 개국 초에 설치한 시전市廛은 국내 상거래는 물론 외국과의 교역도 활발히 이뤄졌는데, 이러한 무역과 국내의 상업 활동은 주로 규모가 크고 상술이 앞선 개성상인이 맡아 하면서 이들의 상업적 위치가 크게 부각됐다.

조선시대에 들어와서는 정치사회적으로 소외당한 옛 고려조의 사대부 계층과 지식인들이 상업계로 진출, 전국 각지로 행상을 하면서 그동안 축적한 상술을 발휘해 큰 부를 축적했다. 그 결과 개성상인들은 나름대로의 커다란 상업 조직을 가지게 됐고, 합리적 경영을 위해 장부를 철저히 정리할 필요를 느껴 사개치부법四介治簿法(개성부기開城簿記라고도 한다)라는 독특한 장부 정리 방법을 개발했다.

18세기에 이르러서도 개성상인은 중국을 왕래하면서 밀무역을 통해 인삼과 은을 수출하고, 모자나 흰 무명, 말총 등을 들여와 중간 이익을 남겨 커다란 부를 축적하기도 했으나 개항 후 외국 자본의 위력에 철저히 봉쇄당해 붕괴의 길을 걸었다.

사개치부법
우리나라 전통 부기법. 고려 전성기에 발생했으며 개성상인들 사이에 비밀로 전수돼 '송도사개치부법'이라고도 한다.

하늘과 땅을 본뜬 상평통보

조선 후기에 상업이 발달하면서 편리한 거래를 위해 화폐 사용이 활발해졌는데, 이를 위해 만든 화폐가 상평통보常平通寶였다.

우리나라에서 화폐가 처음 제조된 것은 고려시대로, 은병銀甁이나 건원중보乾元重寶·해동통보海東通寶·동국통보東國通寶 등이 나왔지만 널리 유통되지는 못했다. 조선시대에 들어와서도 저화楮貨나 전폐箭幣, 조선통보朝鮮通寶 같은 화폐가 발행됐지만 역시 일정한 화폐 단위가 확립되지 않아 전국적인 유통은 되지 못했다.

상평통보도 처음 발행된 인조 때에는 잘 쓰이지 않아 없어졌다가 1678년(숙종 4년)에 다시 주조해 이후 약 200년 동안 조선의 공식적인 화폐 역할을 했다. 상평통보의 단위는 푼이었는데, 10푼이 1전, 10전이 1냥, 10냥이 1관으로, 1냥은 약 2만 원의 가치를 지녔다. 상평통보는 이 돈을 만드는 틀이 나뭇가지 모양이어서, 엽전葉錢이라고도 했다. 상평통보의 둥근 모양은 하늘을 본뜨고, 가운데 네모난 구멍은 땅을 본뜬 것으로, 이 구멍에 실을 꿰어 옆구리에 차고 다녔다.

상평통보

1678년부터 조선 후기까지 사용된 조선시대 법화. 속칭 '엽전'이다. 중앙에 네모난 구멍이 뚫려 있으며, 상하좌우에 '常平通寶(상평통보)'가 새겨져 있고 뒷면에 만든 곳과 금액 등이 나와 있다. 상평통보에는 당백전當百錢, 당오전當五錢 등이 있으며 크기에 따라 구분했다.

◀ 삼한통보
고려 중엽에 쓰이던 화폐로, 조선 숙종 때 주전도감에서
만들었다. 예종 때 통용이 중지됐다.

▼ 해동통보
고려시대 동전. 고려 때는 이 외
건원중보, 동국통보, 삼한중보,
해동중보 등 여러 가지 금속화
폐가 만들어졌다. 고분 부장품
으로 출토되기도 한다.

▶ 건원중보
고려 성종 때 주조된
우리나라 최초의 화폐.
철전과 동전 두 종류가 있다.

▶ 동국통보
고려시대의 동전. 한 면에만
'東國通寶(동국통보)'라 새겨져 있고
뒷면에는 아무 글자나 무늬가 없다.

◀ 조선통보
세종과 인조대의 법화로, 조선 전기를 대표하는
동전이다. 소액거래를 위해 만들어졌지만 유통
은 활발하지 못했다.

자와 되와 저울, 옛 도량형

일상생활에 필요한 도량형度量衡은 길이와 부피, 무게의 단위를 재는 법으로, 예전에는 자와 되와 저울로 표준을 삼아 그 수량을 헤아렸으니, 이것이 지금의 미터법이었던 것이다.

『삼국사기三國史記』의 기록을 보면 삼국 및 통일신라시대에 촌寸·척尺·근斤·두斗·석石 등의 다양한 용례가 보여 이때부터 도량형 제도가 정립됐음을 알 수 있다. 고려시대에도 1040년(정종 6년) 저울과 말의 정확한 양을 정했다는 기록이 있어 이때 새롭게 도량형 제도가 실시된 것으로 보인다.

조선시대에도 이전과 비슷한 제도로 도량형을 활용했지만, 서울과 지방에 그 표준 수량의 차이가 있고 이웃 고을끼리도 차이가 있는 등 국가 통제에서 벗어나 부정한 방법으로 이익을 취하려는 모습을 보였다. 근대에 들어와서는 서구의 도량형 즉 미터법이 들어와 기존의 전통 도량형과 마찰을 벌이다가 마침내 미터법으로 통일돼 이용하고 있다.

한편 농토의 면적을 나타내는 단위로는 삼국시대부터 내려온 결結을 사용했는데, '몫'이라고도 했다. 고려 문종 때부터 전국의 땅을 토질에 따라 나눈 삼등전三等田 제도를 시행했는데, 삼등전을 잴 때 쓰던 자가 삼등전척三等田尺이다. 삼등전은 조선시대에 몇 차례 개혁을 거치다가 대한제국 시기인 1902년 1헥타르(1만 평방미터)의 땅을 1결로 정했다.

표준척
길이의 단위를 통일하기 위해 만든 표준 자.
조선 전기 표준척은 황종척, 주척, 영조척,
포백척 등이 있었다.

▲ 유척
놋쇠로 만든 조선시대 표준 자. 보통 한 자보다
한 치 더 긴 단위. 원형 자는 주척周尺이라 했다.

▶ 구
각을 재는 목공구.

▲ 미터원기
국제도량형총회가 승인한 미터 측정 표준. 파리 국제도량형국이
1889년 제작한 것으로 우리나라에서 1960년대까지 사용했다.

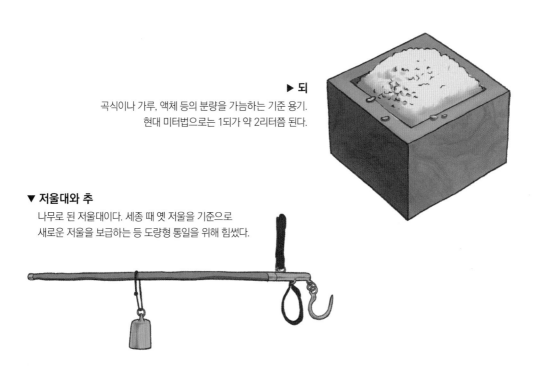

▶ 되
곡식이나 가루, 액체 등의 분량을 가늠하는 기준 용기.
현대 미터법으로는 1되가 약 2리터쯤 된다.

▼ 저울대와 추
나무로 된 저울대이다. 세종 때 옛 저울을 기준으로
새로운 저울을 보급하는 등 도량형 통일을 위해 힘썼다.

8장

가마 타고
나룻배 띄우고

국토를 인체에 비유한다면, 인체에 크고 작은 가닥으로 뻗어 나간 혈관을 교통로라 할 수 있다.

고대의 중요한 교통수단은 말과 소를 이용한 수레였으며, 삼국시대 고구려 벽화에 보이는 우차와 수레가 당시의 상황을 잘 보여 주고 있다. 이후 신라에서는 주요 도로에 일정한 간격으로 역을 설치하고 말을 갈아 탈 수 있게 한 역참제驛站制를 실시했다. 이 제도는 고구려와 발해에서도 채택했다. 고려시대에는 수도 개경을 중심으로 한 역도驛道를 설치하고 교통 상황을 관리했는데, 교통수단은 역시 말과 소였다.

조선시대에 들어와서는 교통로를 대폭 정비, 서울의 도로를 대로·중로·소로로 구분하여 관리했고 지방에서도 이를 따라 시행했다. 또한 여러 가지 특정한 목적의 교통로를 두기도 했다. 중국에 가는 사신이 다니던 연행로燕行路, 일본 사신이 들어오던 왜사입경로倭使入京路, 왕이 능에 참배할 때 이용하던 능행로陵幸路, 변방에서의 통신을 위주로 한 파발로擺撥路 등이 그것이다. 도로 상황이 좋지 않은 경사지에는 잔도棧道라 하여 사닥다리 돌길을 놓았고, 넓은 하천에는 부교浮橋라 하여 뜬다리를 설치했다. 이때에도 주요 교통수단은 역시 말이었으나, 부녀자는 가마를 이용하고, 왕은 연輦이라는 특수 가마를 이용했다.

가마 타고 나들이하던 날

가마는 한 사람이 안에 타고, 2명이나 4명이 들거나 메던 조그만 집 모양의 탈것을 말한다. 신분이나 용도에 따라 여러 가지 가마가 있었다. 신라 기와에 바퀴 달린 연 모양이 새겨진 것이나 고구려 고분벽화에 그려진 가마에 앉은 부인의 모습 등으로 보아, 우리 역사상 가마는 그 연원이 오래된 것임을 알 수 있다.

가마는 예로부터 시집가는 여자가 타는 것으로 널리 알려졌는데, 사인교四人轎는 앞뒤에 각각 2인씩 모두 4인이 메는 고급 가마였다. 또 가마는 왕실이나 사대부 집안 부녀자들이 외출할 때 주로 사용했고 왕이나 고위 관료들도 외출 시 여러 형태의 가마를 이용했다. 음식 등 물품을 나를 때에도 가마를 이용했다.

가마 중 가장 고급스러운 것은 왕이 거동할 때 타던 연輦이었는데, 옥개 위에 붉은 칠을 하고 황금으로 장식했으며, 둥근 기둥 4개로 작은 집을 지어 올려놓고 사방이 붉은 난간을 달았다. 왕과 세자가 장거리 행차에 사용하던 가교駕轎는 말을 앞뒤에 한 마리씩 두어 끌게 하고, 공주나 옹주는 연과 비슷한 덩을 타게 했다.

한편, 종2품 이상의 관료들은 초헌軺軒이라는 외바퀴 달린 수레 모양의 가마를, 승지 이상의 관료는 의자 비슷한 뚜껑 없는 남여藍輿를 탔다. 이 밖에 초상 중의 상제는 초교草轎를 탔고, 나라의 귀중품을 운반할 때는 용정자龍亭子, 음식을 나를 때는 가자架子를 이용했다.

덕흥리 고분벽화
평안남도 남포에 위치한 고구려 고분벽화. 남녀의 나들이 장면에서 부인이 수레를 타고 가는 것을 볼 수 있다.

◀ 가마

안에 사람이 들어가 앉고 앞뒤에서 가마
채를 손으로 들거나 끈으로 매어 운반했
다. 가마뚜껑, 가마바탕, 가마채로 이루
어져 있다. 신분이 높은 사람이 가마를
타고 갈 때 위세를 더하기 위해 하졸들
이 목청을 높여 권마성 소리를 했다.

▶ 연

왕이 행차할 때 타는 가마. 밑에 수레
를 달아 말이 끌게 했다. 불교의식에서
사용하기도 했다.

▼ 쌍가마

말 두 마리가 앞뒤 채를 메고 가는 가마.
조선 후기에 등장했으며, 종2품관
이상의 벼슬아치만 탈 수 있었다.
가교, 상교라고도 한다.

둥근 바퀴로 나아가다, 우차와 마차

마차馬車는 말이 끄는 수레이고, 우차牛車는 소가 끄는 소달구지를 말한다. 수레는 바퀴를 달아서 굴러가게 만든 기구로 사람이 타거나 짐을 싣는 데 쓰인다. 달구지는 둥글다는 의미의 '달'과 바퀴를 의미하는 '구지'가 합해진 형태로, 둥근 바퀴로 굴러가는 수레의 의미로 본다.

우리나라의 경우 고조선 때부터 수레가 쓰인 것으로 보이며, 관산성管山城 전투의 배경이었던 충북 옥천의 도로 유적에서는 수레바퀴 자국과 수레를 끌던 짐승의 발자국까지 뚜렷하게 남아 있다. 전쟁이 잦은 시대여서 군대와 군량을 빨리 운송할 수 있도록 만든 것으로 보인다.

그러나 고려를 거치며 조선시대가 되면 마차는 점차 쇠퇴하고 소달구지가 화물을 주로 나르게 되는데, 이는 왜구의 침탈로 말 목장이 없어지고 말을 기르는 데는 소보다 3배 이상의 먹이가 필요했기 때문이다.

조선 후기로 들어오면서는 마차 대신 소달구지 위주의 운송이 이루어졌다. 수원화성 축조 때는 민간의 소달구지가 동원됐고, 특히 산지가 많은 함경도와 강원도 지역에서 소달구지가 많이 이용됐다. 또 우리나라는 전통적으로 농가에서 말보다 소를 더 활용했기 때문에 소달구지가 널리 보급됐다.

소달구지
소가 끄는 짐수레. 우차라고도 한다.
6자쯤 되는 긴 막대(쳇대)를 소 등에 걸어 수레를 끌도록 했다.

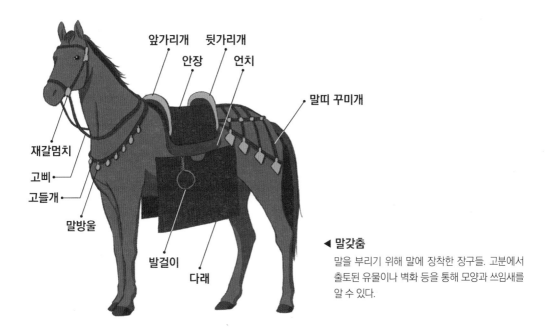

앞가리개
뒷가리개
안장
언치
말띠 꾸미개
재갈멈치
고삐
고들개
말방울
발걸이
다래

◀ 말갖춤
말을 부리기 위해 말에 장착한 장구들. 고분에서 출토된 유물이나 벽화 등을 통해 모양과 쓰임새를 알 수 있다.

▲ 무용총 우차도
중국 지린성에 있는 고구려 무용총 현실 서쪽 벽에 그려져 있다. 소와 수레 등을 단순 간결하게 표현했다.

한반도를 잇는 교통 통신망, 역참

역참驛站은 중앙과 지방 사이의 명령 전달, 관리의 공무상 출장이나 운수 업무를 뒷받침하기 위해 설치된 교통통신 기관이다.

역참 제도는 중국 춘추시대부터 실시됐는데, 우리나라에서는 삼국시대부터 실시된 것으로 보인다. 고구려는 국내성과 평양성 사이에 17개의 역이 있었다는 기록이 보이고, 통일신라시대에 이르러서는 영역이 확대되면서 역참 업무를 전담하는 기관을 두었다고 한다.

그러나 역참제가 보다 구체적이고 전국적으로 정비된 것은 고려에 이르러서였다. 이때는 병부兵部 아래에 공역서供驛署를 두어 역참 업무를 전담케 했는데, 지방제도의 개편과 더불어 역참제 역시 세부적으로 정비해 전국에 22역도 525역의 제도가 완비됐으나 몽골이 침입한 후 그들의 간섭을 받아 큰 변화를 겪었다.

조선시대에는 고려의 역참제를 그대로 계승하면서도 병조 아래 승여사乘輿司를 두어 부분적인 제도 개선을 하면서 역참 업무를 관장했으며, 전국적으로 41역도 516역의 체제를 갖추었다. 이러한 현상은 이후 그대로 유지되다가 임진왜란 이후 그 기능이 마비돼 봉수제와 파발제 등이 더불어 운영됐다.

역참

중앙에서 지방에 국가의 명령이나 공문서를 전달하는 관리의 사행 및 운수를 뒷받침하기 위해 말을 갖춘 역참을 설치했다.

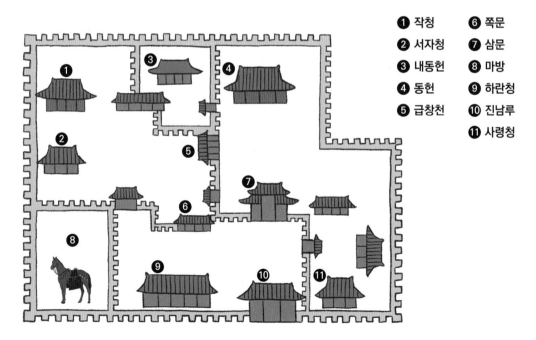

- ❶ 작청
- ❷ 서자청
- ❸ 내동헌
- ❹ 동헌
- ❺ 급창천
- ❻ 쪽문
- ❼ 삼문
- ❽ 마방
- ❾ 하란청
- ❿ 진남루
- ⓫ 사령청

파발, 중앙으로 지방으로 달리다

파발擺撥이란 조선시대에 변방의 군사 정세나 급한 소식을 중앙에 전달하고, 중앙의 지시를 변경에 전달하기 위해 설치한 특수 통신망이다.

파발은 말을 타고 신속히 전달하는 기발騎撥과 사람이 걸어가서 전달하는 보발步撥로 나뉘며, 공무로 급히 가는 사람이 타던 말을 파발마擺撥馬라고 했다. 말은 가축 중 가장 빨리 달리는 능력이 있으므로 군사용 외에 이 파발마로서 귀하게 활용됐다. 파발마들은 지방의 역에서 관리되었고, 한 역에서 파발마를 이용하여 다른 역으로 급한 소식을 전달하면 그 역에서 또 파발마를 이용하여 또 다른 역으로 전달하는 식으로 한양의 왕에게까지 전달했다.

파발제는 임진왜란이 끝날 무렵인 1597년(선조 30년) 명나라의 건의로 실시했다. 파발제의 선로는 한성—황해도—평안도에 이르는 서발西撥, 한성—강원도—함경도에 이르는 북발北撥, 한성—충청도—경상도에 이르는 남발南撥로 구성됐다. 이 중 조선시대에 가장 중요시되던 중국으로 가는 서발에는 파발마를 이용하는 기발을, 나머지 2개 파발로는 보발을 이용했다.

발참로

조선시대에 중앙과 지방 간 급한 연락이나 문서 전달을 담당하는 기발과 보발이 대기하던 곳을 발참이라 한다. 김정호가 편찬한 『대동지지大東地志』에 따르면 전국의 발참 수는 213곳으로 나온다.

한강 뱃길을 이어 주는 나루터

조선시대 한양에서 지방으로 이동하려면 한강을 건너야 했다. 때문에 한강 여러 곳에 나루가 생겨났다. 나루는 강가나 냇가 또는 좁은 바닷목에 사람과 물자를 건네주는 배가 다니는 일정한 곳을 말한다.

나루는 보통 도읍지가 위치한 통치 거점에서 가까이 있고, 지방의 도시들을 연결하는 대로변의 하천에 많이 위치하여 여행객과 화물의 운송 중심지가 되어 발달했는데, 이러한 점에서 한강변은 나루의 밀집 지대가 될 수 있는 여건을 구비하고 있었다. 특히 한강의 5대 나루로 꼽히는 광나루·삼밭나루·동작나루·노들나루·양화나루는 일찍부터 각종 물품과 사람들의 집합장소로 유명했다. 이 중 양화나루 일대는 경치가 좋아서 단순히 도하 기능만 아니라 중국 사신을 위한 유선장으로 활용됐고, 마포나루와 토정나루 등은 서해와 가까이 통하는 이점을 살려 전국의 배가 모이는 대표적 나루로 발달했다.

한강 나루터

한강은 수상 교통의 요지이자 지방에서 거둬들인 곡식과 특산물을 실어 나르는 뱃길로 나루터가 발달했다.

임금이 행차하실 땐 '배다리'

옛날 일반 백성들이 강을 건널 때는 주로 나룻배를 이용했으나 국왕이 능묘를 찾거나 온천을 갈 때에는 작은 배를 한 줄로 여러 척 띄워 놓고 그 위에 널판을 깔아 다리 형태로 만들고 어가가 건너가게 했다. 이것이 배다리 또는 주교舟橋라고 부르는 다리이다.

이렇게 배를 엮어 강에 다리를 놓는 일은 일찍부터 있었는데, 1045년(정종 11년)에 임진강에 배다리를 설치한 일이 있고, 조선시대 연산군은 청계산에 사냥을 가면서 민간선 800척을 동원해 한강에 다리를 놓고 건넜다고 한다.

배다리는 특히 정조 때 활성화됐는데, 정조가 아버지 사도세자의 묘를 양주에서 화성으로 옮겨 융릉隆陵을 조성하고 한강을 건너 능행하기 위해 배다리를 이용했으며, 이를 제도화하여 주교사舟橋司를 발족시키고 절목節目을 제정하여 본격적으로 시행했다. 당시 국왕의 능행로는 초기에는 삼전도三田渡와 한강진이 중시됐으나 후기에는 광나루와 노량진이 많이 이용됐다.

〈한강주교환어도〉
정조의 대규모 행차 '을묘원행'(1795년)을 기록한 8폭 병풍 《화성능행도》의 마지막 폭. 화성에서 돌아온 왕이 노량진에서 배다리 위를 지나 도성으로 들어가는 모습을 그렸다.

물 위를 떠다니던 여러 배들

우리나라는 삼면이 바다로 둘러싸이고 하천이 많은 지형이어서 일찍부터 배를 잘 만들고 여러 방면으로 이용해 왔다. 삼국시대에는 배를 이용하는 수군水軍이 활동하면서 군사력을 키웠고, 각기 해로를 통해 중국 대륙과 통교했다. 또 통일신라는 당나라에 견당선遣唐船을 파견하여 문물을 교환하고, 완도에는 장보고張保皐가 청해진淸海鎭을 설치하여 해상권을 휘두르기도 했다.

고려시대에는 조세로 거둔 미곡을 운반하는 조운선漕運船을 운용하고 군선軍船을 만들어 일본 원정에 사용했다. 뒤이어 조선왕조는 개국 초부터 상시 수군을 유지해 가면서 판옥선板屋船과 거북선 등을 개발해 임진왜란 같은 일대 국난을 극복할 수 있었다.

우리나라에서 예로부터 만들어 사용한 배는 테우·뗏목·돛단배·거룻배·중선·화륜선 등 여러 가지가 있었고, 용도로 보면 나룻배·강선·병선·사행선·무역선과 조운선 등이 있었다. 이 중 테우는 '떼'라는 배로, 대나무 등의 토막을 엮어 물에 띄워서 타고 다니며 육지와 가까운 바다에서 물고기를 잡거나 해산물을 채취하던 것이다. 이와 비슷한 뗏목은 통나무를 가지런히 엮어 물에 띄워 타고 다닌 것이며, 거룻배는 돛이 없는 작은 배를 가리킨다. 또 중선은 돛대는 둘이지만 앞부분이 조금 작은 중간 크기의 배이고, 화륜선은 증기 기관의 힘으로 움직이는 기선汽船의 전 명칭이다. 강에서 쓰는 강선은 배의 밑이 평평한 배이며, 전쟁에 필요한 장비를 갖춘 병선은 판옥선과 거북선이 대표적이었다.

황포돛배
황토로 누렇게 물들인 돛을 단 배.
한국의 돛배를 대표하는 전통 한선이다.

▶ **나룻배**
나루터에서 사람이나
짐을 실어 나르는 배.
진선津船이라고도 한다.

▼ **병선**
소형 전투선. 대형 전투선인 판옥선의
보조선 구실을 했다.

▼ **판옥선**
조선 수군의 전투선. 널빤지로 지붕을 덮고 있다.
임진왜란 때 여러 해전에서 크게 활약했다.

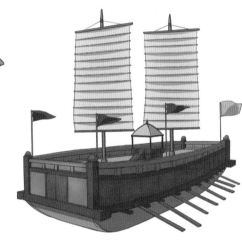

◀ **테우**
제주에서 자리돔을 잡거나 해초를
채취할 때 타던 통나무 배. 뗏목이
라는 뜻의 '떼배', '테'라 부르기도
한다.

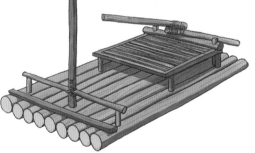

▶ **화륜선**
근대의 증기선. 1882년
우리나라에 처음 들어왔다.

9장

구전과 경험에서 실용의 과학으로

우리나라 과학의 역사는 거의 기술적 전통에서 그 근원을 찾을 수 있다. 실제적 경험과 숙련이 손에서 손으로 건너가고 시대에서 시대로 발전했으나, 우리 과학자들은 현상의 추구에 치중하고 이론적 설명은 경시한 측면이 있다. 그 결과 기술의 응용과학으로의 발전을 이루지 못하고 공장工匠들의 구전 비법과 경험적 방법에 의존하는 현상에서 벗어나지 못했다.

그러나 조선 후기에 이르러 이용후생파 학자들에 의해 실학이 발전하면서 과학으로서의 학문적 발판을 얻게 됐다. 이들 실학자들은 중국에서 서구 과학서를 접한 뒤 새로운 지식을 탐구하고 전파했을 뿐 아니라 중국에 와 있던 선교사들과 직접 접촉하고 서구 과학 지식과 문물 도입에 힘썼다.

우리 민족의 과학적 지혜와 기술은 일찍이 과학 분야 곳곳에서 특출한 업적을 남겼다. 신라 선덕여왕 때 경주에 세운 첨성대瞻星臺에서는 동양 최초로 천체 관측 업무를 수행했고, 조선 후기에는 김육金堉 등의 노력으로 시헌력時憲曆이 도입돼 종전의 역법曆法에서 한 걸음 더 나아갔다. 의학 분야에서는 고려시대에 향약방鄕藥方이라는 독자적인 처방이 이루어졌으며, 17세기 초 허준許浚은『동의보감東醫寶鑑』을 저술해 의학 발전에 크게 공헌했다. 농업과 실생활에 관련된 각종 기구도 발명했는데, 조선 초인 1441년 세계 최초로 측우기測雨器를 만들어 전국 각지의 강우량을 측정했고, 정약용은 중국에 와 있던 서양 선교사가 지은『기기도설奇器圖說』을 참고하여 거중기擧重機를 만들어 수원화성 축조에 유용하게 사용했다.

천문 관측의 선구, 첨성대

우리나라에서 행한 천문 관측은 단군시대까지 거슬러 올라가는데, 강화도 마니산에 있는 참성단塹星壇은 일찍이 천문을 관측하고 별에 제사한 곳이었다.

고구려 고분에서는 28수宿로 된 별자리 그림 일부가 발견돼 고구려가 일찍부터 천문 사상을 실생활에 도입했음을 짐작할 수 있다. 경주에 현존하는 신라의 첨성대는 높이 약 9.5m로, 중간에 출입구가 있어 내부로 들어가 위로 오르내리며 관측을 한 것으로 보인다.

고려시대에는 『천문지天文志』에 132회의 일식 현상 등 천문 관측 기록이 전하며, 개성 만월대滿月臺 서쪽에 천문 관측을 위한 첨성대를 건축한 유적이 남아 있다.

조선은 태조 때 고구려의 천문도를 바탕으로 「천상열차분야지도天象列次分野之圖」를 돌에 새겼으며, 이순지李純之가 편찬한 『천문유초天文類抄』에는 '필팔성십육도畢八星十六度'라는 천문 기록이 있어 당시의 천문 관측 수준을 보여 주고 있다.

조선 후기에는 서양 과학의 영향을 받아 천문학이 크게 발전했는데, 김석문金錫文은 우리나라에서 처음으로 '지전설地轉說'을 주장하여 우주관을 크게 전환시켰으며, 뒤이어 홍대용洪大容은 이 학설을 더욱 발전시켜 성리학적 세계관을 비판하는 근거를 제공했다.

첨성대
경주에 있는 신라시대 천문대. 화강석으로 만들었으며, 꼭대기의 정자석에 관측기구를 설치하고 별을 관찰했을 것으로 보인다.

◀ 개성 첨성대

개성시에 있는 고려시대 천문대. 고려 왕궁터인 만월대 서쪽에 위치한다. 지금은 관측기구를 올려놓았던 축대만 남아 있다.

▼ 마니산 참성단

단군이 하늘에 제를 올리기 위해 쌓은 제단. 조선 『서운관지書雲觀志』에는 천문 관측을 위해 대대로 참성단에 관원을 파견했다는 기록이 나온다.

▲ 창경궁 관천대

1688년 축조된 천문관측소. '간의'를 설치하고 별을 관측했으나 지금은 유실된 상태. 관상감관천대와 함께, 서울에 남아 있는 조선시대 관측대이다.

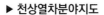

▶ 천상열차분야지도

조선 건국 초 만들어진 천문도. 우리나라 하늘에서 볼 수 있는 1467개의 별을 흑요암에 새겼다. 세계에서 가장 오래된 전천全天 천문도 중 하나이다.

우리 고유의 전통 지닌 약학

우리나라는 이미 백제시대 의사 제도에 의학박사와 제약사가 있어서 의학과 약학이 분립되어 있었다. 하지만 지금처럼 확연히 나뉘어 있었던 것은 아니다. 그러나 이미 상고시대부터 단군신화에 쑥과 마늘 등 당시 중국 약물서에는 기록되지 않은 약물을 사용한 점과, 삼국시대에 우리나라 특산물—특히 인삼 등—이 중국으로 수출되었다는 기록 등으로 보아 우리나라 고유의 약학 발전이 있었음을 알 수 있다.

고려시대에는 중국 송나라에서 약학서가 들어와 약학에 관한 연구가 진전됐고, 인삼과 중국의 침향沈香 등 약재 교류가 이루어지며 일반에서 사용됐다.

조선시대에 와서는 고려조에서 창의력을 발휘하여 사용한 향약鄕藥('우리나라 약'이라는 의미)이라는 용어를 이어받아 중국과 열대지방 생산 약재를 우리 이름으로 바꾸어 사용하는데 힘썼고, 민간에서 널리 사용해 온 향약과 경험적인 처방약 등의 자료를 수집해 약학의 자립적인 기틀을 정립했다. 이에 힘입어 인삼은 물론, 구기자·감초·영지 등의 효험 높은 약재와 이들 약재를 달이는데 사용하는 여러 가지 약탕기가 제조됐다.

인삼
한국 사람들이 가장 많이 찾는 약초이다. 우리나라는 국토의 입지 조건에 뛰어난 인삼재배기술로 '인삼 종주국'의 지위를 자랑한다.

◀ 구기자
인삼, 하수오와 함께
3대 명약으로 친다.

◀ 천궁
죽어가는 소나무 뿌
리에 천궁 삶은 물을
주면 나무가 회생한
다고 했다.

◀ 당귀
약용 식물이지만 탕이나
요리에도 들어간다.

▼ 감초
뿌리를 건조시켜 한약재로 사용했다.

◀ 두충
두충나무 껍질을 말려 약재로 사용했다.

▶ 영지버섯
십장생의 하나로
'불로초'로 불렸다.

▶ 익모초
주변에서 쉽게 찾을 수
있는 약용 식물. 환으로
만들어 먹기도 했다.

◀ 오가피
기운을 보강하고
혈액순환을 돕는다.

▶ 산수유
회춘 효과가 뛰어난 붉은 과실.

▲ 복령
약용 버섯. 소나무의 신령한 기운이
땅속에서 뭉쳐져 생긴 것이라 믿었다.

▶ 약탕기
약을 달일 때 쓰는 그릇.

◀ 약절구
약재를 부수어 가루로 만들거나
골고루 섞는 기구.

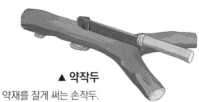

▲ 약작두
약재를 잘게 써는 손작두.

'동국인에 맞는 의술' 한의학

우리나라 의학은 삼국시대부터 중국의 한의학 관련 서적을 들여와 실생활에 응용했으리라 짐작되지만, 구체적인 사례는 보이지 않는다. 그러다 고려시대에 의학 교육과 의과 시험을 실시하며 의학 발전의 바탕을 마련했는데, 이때 중국의 영향을 벗어나 우리나라 실정에 맞는 '향약방鄕藥方'이라는 독자적 처방이 이뤄졌다.

13세기에 편찬한 『향약구급방鄕藥救急方』은 현재 전해지고 있는 우리나라 최고의 약학 서적으로, 각종 질병에 대한 처방과 국산 약재 180여 종을 소개하고 있다. 조선 초에는 『향약집성방鄕藥集成方』이 편찬됐는데, 여기에는 703종의 한국산 의약이 나와 있다. 우리나라와 중국의 의학서 153종을 집대성한 『의방유취醫方類聚』는 15세기 우리 의학서를 대표하는 것이다.

17세기 초 허준許浚은 『동의보감東醫寶鑑』을 저술, 의학 발전에 큰 공헌을 했다. 우리의 전통 한의학을 체계적으로 정리한 『동의보감』은 1420종의 의약을 포함하고 있는 방대한 의학서이다. 이 시기에 허임許任은 『침구경험방鍼灸經驗方』을 저술, 침술에 관한 지식을 집대성했고, 정약용은 홍역에 관한 연구를 하고 이 분야의 의학서를 종합하여 『마과회통麻科會通』을 편찬했다. 19세기에 이제마李濟馬는 『동의수세보원東醫壽世保元』을 저술하여 사상의학四象醫學을 확립했으며, 종두법種痘法을 연구한 지석영池錫永은 실험에 성공함으로써 국민 보건에 크게 이바지했다.

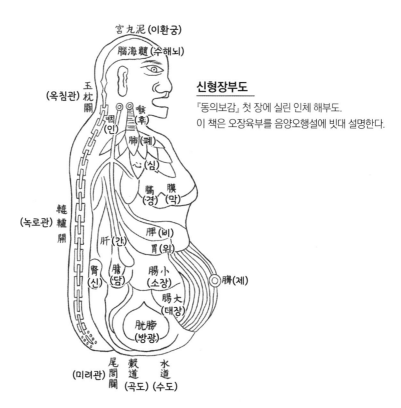

신형장부도

『동의보감』 첫 장에 실린 인체 해부도.
이 책은 오장육부를 음양오행설에 빗대 설명한다.

宮丸泥 (이환궁)
腦海髓 (수해뇌)
玉枕關 (옥침관)
喉 (후)
咽 (인)
肺 (폐)
心 (심)
膈 膜 (격) (막)
轆轤關 (녹로관)
肝 (간)
脾 (비)
胃 (위)
腎 (신)
膽 (담)
腸小 (소장)
臍 (제)
腸大 (대장)
膀胱 (방광)
尾閭關 (미려관)
穀道 (곡도)
水道 (수도)

동양 의학의 보감, 『동의보감』

『동의보감』은 1596년(선조 29년) 의관인 허준(1539~1615)이 왕명을 받아 우리나라와 중국의 의서를 모아 엮어 1610년(광해군 2년)에 완성한 의서이다.

25권으로 돼 있으며, 내과·외과·잡병·탕약·침술 등 5대 전문과별로 나누어 각 병마다 항項과 목目을 정하고 그 항목 아래에 병론과 약방들을 출전과 함께 자세히 열거해 그 병증에 관한 고금의 처방을 일목요연하게 알 수 있도록 했다. 때문에 환자들이 말하는 증상을 식별하기 위해 다른 의서들을 일일이 찾아보지 않아도 손쉽게 처방할 수 있어 동양 의학계 의원들의 환영을 받고 있으며, 중국과 일본에서도 그 가치를 높이 사서 동양에서 가장 우수한 의학서의 하나로 평가된다. 책 이름은 '조선 의학의 보감'이라고 했지만 실은 동양의학의 보감이며 동양의학의 백과사전이라 할 수 있다.

한편, 탕약편에서는 수백 종의 향약 이름이 한글로 적혀 있어 국어사 연구에도 도움을 주고 있다.

◀ 허준
선조와 광해군의 어의를 지낸 의학자.
우리 풍토에 맞는 의학 정보를 정리한 『동의보감』을 편찬했다.

▶ 『동의보감』
허준이 선조의 명으로 집필한 조선 최고의 의학서

우리가 만든 역법서 『칠정산』

역법曆法은 천체의 주기적 현상에 따라 시간 단위를 정해 나가는 체계를 작성해 편찬하는 원리를 말한다. 우리나라에서는 천문학의 발달과 함께 새로운 역법들이 시대별로 연이어 나왔다.

일찍이 백제에서는 역박사曆博士가 있어 이들이 일본에 역법에 관한 서적과 천문지리서를 보낸 기록이 있다. 고려 말에는 농민에게 사계절과 24절기를 가르치기 위해 중국 원나라에서 만든 수시력授時曆을 얻어와 연구하여 새로이 편찬했다.

조선 세종 때 만든 『칠정산七政算』은 이 수시력과 아라비아의 회회력回回曆을 참고해서 만든 역법서로, 우리나라 역사상 최초로 서울을 기준으로 천체 운동을 정확하게 계산한 것이다. 조선 후기에 들어서는 김육金堉 등의 노력으로 태양력의 원리를 부합시킨 시헌력時憲曆이 도입돼 종전의 역법에서 한 걸음 더 발전했다. 1896년에는 양력을 사용하는 태양력이 공식 채택돼 건양建陽이라는 연호를 사용한 바 있다.

『칠정산』
세종 때 각종 천문현상과 역법이론을 우리 실정에 맞게 만든 역법서. 「내편」은 일식과 월식, 오성 운행 시간 등을 정리했으며, 「외편」에서는 아라비아 역법을 조선 실정에 맞게 고쳤다.

실생활에 널리 쓰인 과학 기구들

조선 초 세종 때를 전후한 시기의 과학기술은 우리나라 역사상 특기할 정도로 뛰어났다. 우리나라의 전통적 과학 문명을 계승하면서 서역과 중국의 과학기술을 수용하여 훌륭한 업적을 남긴 것이다.

특히 농본정책을 국시로 내세운 왕조답게 농업과 관련된 각종 기구를 발명했다. 시간 측정 기구로 물시계인 자격루自擊漏와 해시계인 앙부일구仰釜日晷, 옥루玉漏라고 불리는 천상시계天象時計 등을 제작했다. 특히 1441년에는 세계 최초로 측우기測雨器를 만들어 전국 각지의 강우량을 측정하고, 토지 측량 기구인 인지의印地儀와 규형窺衡을 제작해 토지 측량과 지도 제작에 활용했다.

17세기경부터는 중국을 왕래하던 사신을 통해 서양 문물이 들어왔다. 특히 인조 때 정두원鄭斗源은 천리경千里鏡과 자명종自鳴鐘 등을 전했다. 정약용은 의학에서뿐 아니라 기술의 개발에 앞장섰다. 그가 중국에 와 있던 서양 선교사가 지은 『기기도설奇器圖說』을 참고하여 만든 거중기擧重機는 수원화성을 쌓는 데 사용돼 공사 기간과 비용을 크게 절감시켰다.

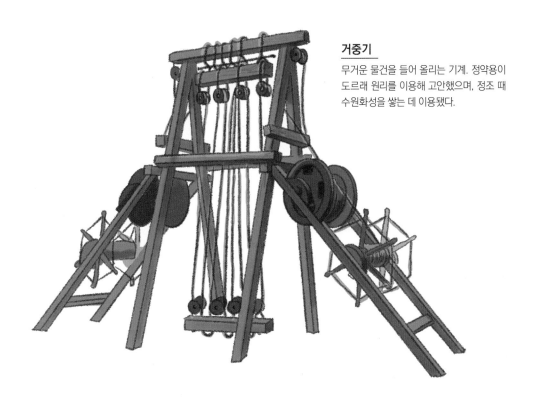

거중기
무거운 물건을 들어 올리는 기계. 정약용이 도르래 원리를 이용해 고안했으며, 정조 때 수원화성을 쌓는 데 이용됐다.

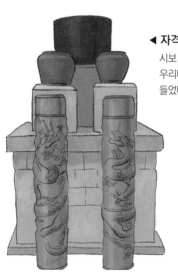

◀ 자격루

시보 구슬을 방출해 자동으로 시간을 알려주는 우리나라 최초의 물시계. 세종 때 장영실이 만들었다.

▶ 혼천의

천체의 운행과 그 위치를 측정하던 천문 관측기. 삼국시대 후기부터 사용했을 것으로 보이며, 세종 때 고전 문헌조사를 거쳐 제작했다. 효종 때는 시계 장치를 연결해 혼천시계로 만들었다.

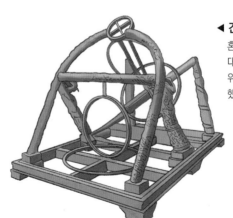

◀ 간의

혼천의를 간략하게 만든 조선시대 천체 관측기. 세종 때 한양의 위치에 맞게 개량, 구리로 주조했다.

▼ 앙부일구

천구 모양을 본 떠 만든 반구 형태 해시계. 해 질 때 생기는 그림자가 시각선에 비추는 것을 보아 시간을 알 수 있으며, 계절선에 비추는 해 그림자 길이를 보고 절기를 파악했다.

▶ 측우기

세종 때 발명한 강수량 측정 기구. 빗물을 받는 그릇과 물의 깊이를 재는 자, 그릇 받침대로 이뤄진다.

| 조선의 대과학자 장영실

조선 세종 때 과학자로 널리 알려진 장영실蔣英實(1390년경~?). 우리나라 최초로 자동으로 시간을 알려주는 물시계인 자격루를 만든 인물로 당시 '과학을 위해 태어난 인물'이라고 칭송받았지만, 사실 그는 동래현의 관청 노비였다.

장영실의 아버지는 중국에서 온 귀화인이었으나 어머니 신분을 따라 노비로 태어났는데, 그의 재주가 조정에까지 알려져 태종이 그를 발탁했다. 세종 즉위 후 명나라에 유학 가서 천문 관측시설 관련 자료를 수집해 와 이를 바탕으로 간의簡儀와 혼천의渾天儀 등 천문기구와 자격루 등을 만들었고, 다시 천상시계와 자동물시계인 옥루玉漏를 만들었다.

이후 관직 품계도 종3품의 대호군大護軍까지 오르면서 세종의 뜻을 받들어 많은 천문기구를 제작하고, 심지어 동활자인 갑인자甲寅字 주조까지 참여했으나 장영실이 감독하여 만든 세종의 가마가 부서져 불경죄로 관직에서 파면됐다. 그 후의 행적은 알려지지 않는데, 『동국여지승람東國輿地勝覽』에는 아산牙山의 명신으로만 기재돼 있다.

조선시대의 과학기술은 이후 별다른 발전을 보이지 못하다가 17세기에 와서야 실용적인 학문을 중요시한 실학자들에 의해 서양 과학기술의 우월성을 인정하고 이를 습득하여 거중기와 같은 실용적 토목공사용 기계를 제작하여 수원화성 축조 때 활용하게 됐다.

장영실
조선 초기 활약한 과학자. 세종의 지원으로 자격루 등 여러 가지 과학 기구를 발명했다.

10장

자연과 어우러진
우리 건축

우리나라 건축의 특징은 각 지방에서 생산되는 소나무가 주요 건축 자재로 사용돼 왔기 때문에 목조 건축이 주류를 이루었다는 점과 겨울에 추위가 심해 추위를 막을 수 있는 건축 기법이 발달했다는 점이다.

선사시대의 주거지인 움집은 우리나라 최초의 건축이라 할 수 있는 가구물이며, 삼국 시대에 들어와 중국과 교류, 그들의 발달된 문화를 도입하면서 황룡사皇龍寺 같은 크고 아름다운 건축물을 지었으나 몽골 침입 때 소실되고 통일신라 때 창건한 불국사佛國寺가 대표적 사찰건축으로 현존한다.

고려는 불교를 국교로 널리 믿었으므로 개국 후 개성을 중심으로 많은 사찰을 건립했는데, 당시 대표적 사찰이던 흥왕사興王寺는 2,800칸 규모로 10여 년의 공사 기간이 소요된 국립 사찰이었지만 조선시대에 들어와 폐허가 됐다. 또 고려의 왕궁은 개성의 만월대滿月臺 터에 능선을 따라 아래에서 위로 올라가며 겹겹이 배치한 훌륭한 건축물이었으나 말기에 불타 없어지고 말았다.

조선시대의 건축은 경복궁景福宮을 비롯한 여러 궁궐이 목조건축을 대표하며, 석조건축으로는 여러 석탑과 부도, 석빙고 등이 남아 있다.

풍수지리로 설계한 한양도성

도성은 왕이 평상시 거주하는 궁전과 관청, 취락을 둘러싼 성을 뜻한다. 조선의 수도였던 한양도성은 고려의 도성 제도를 이어받아, 전통적인 산성 위주의 우리나라 성곽 발달 과정과 같은 범주에서 고려된 독특한 것이었다. 즉, 북으로 산을 의지하고 남향한 산의 비탈 아래 궁궐을 배치하고 평지에 민가를 둘러 취락을 형성한 풍수지리사상이 반영됐다.

조선 태조는 건국 후 곧 천도를 서둘러 한때 계룡산을 후보지로 삼아 공사까지 착수했으나 1394년(태조 3년) 새 도읍지를 한양으로 정하고 이듬해 명칭을 한성부漢城府라고 했다. 이때부터 새 수도에 제반 시설 건축을 착수해 500년 도읍으로서의 면모가 점차 갖추어졌다.

우선, 수도 주변에는 군사와 치안의 필요에 따라 성곽을 쌓는 공역이 시작돼 높이 8.5m, 둘레 17㎞의 도성을 축도했으며, 도성의 안과 밖을 연락하기 위해 동대문인 흥인지문興仁之門, 서대문인 돈의문敦義門, 남대문인 숭례문崇禮門, 북대문인 숙정문肅靖門의 4대문과 동소문인 혜화문惠化門, 서소문인 소의문昭義門, 남소문인 광희문光熙門, 북소문인 창의문彰義門의 4소문을 건립했다. 이렇게 건설된 한양도성은 전형적인 동양적 전제국가의 모습을 갖춰갔으며, 1421년(세종 3년)에 완공됐다.

숭례문
조선시대 도성을 둘러싸고 있던 성곽의 남쪽 정문.
남대문이라고도 한다. 서울에 남아 있는 목조
건물 중 가장 오래된 것이다. 국보(제1호).

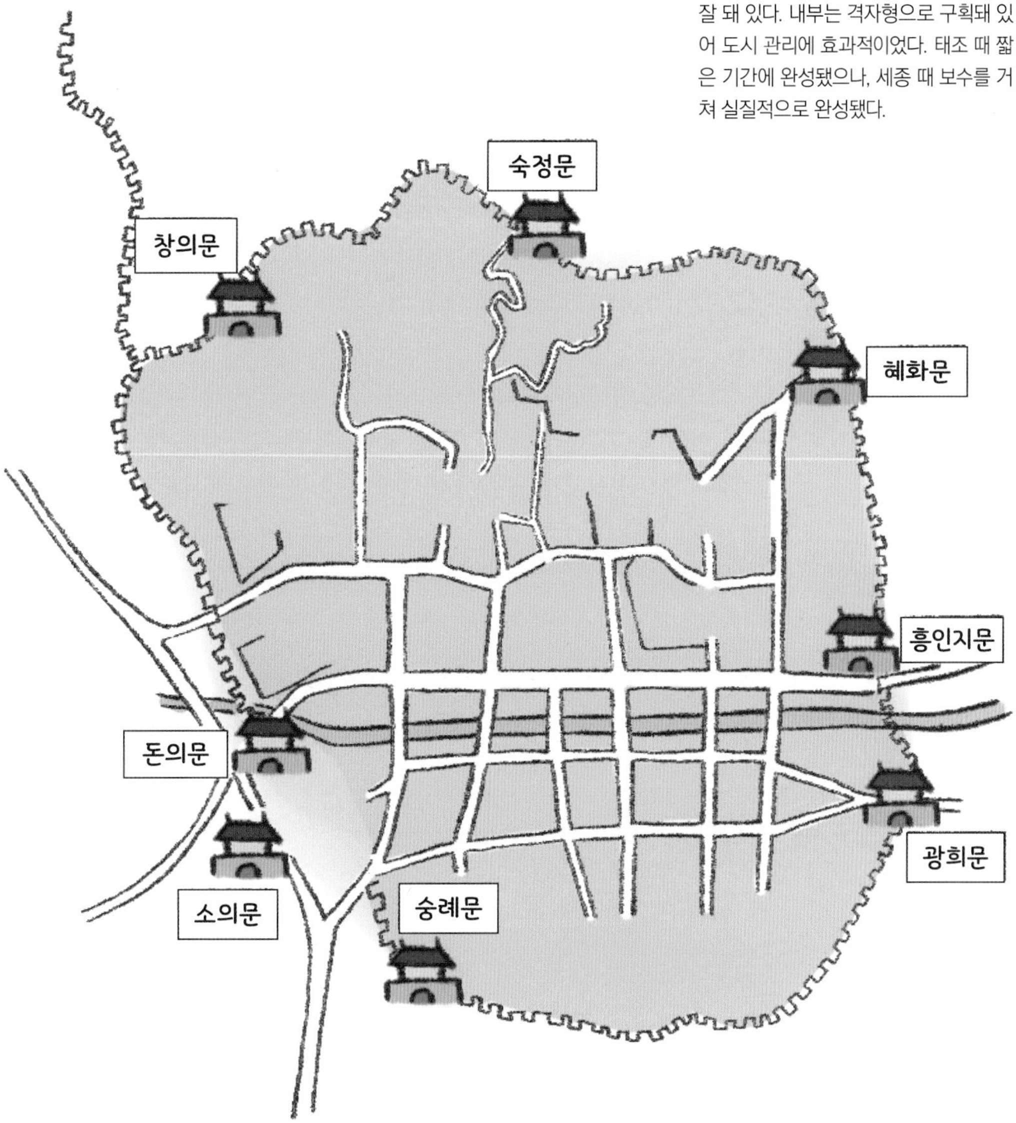

▼ **한양도성**

서울을 둘러싼 산을 따라 축조해 보존이 잘 돼 있다. 내부는 격자형으로 구획돼 있어 도시 관리에 효과적이었다. 태조 때 짧은 기간에 완성됐으나, 세종 때 보수를 거쳐 실질적으로 완성됐다.

숙정문

창의문

혜화문

흥인지문

돈의문

광희문

소의문

숭례문

천년 궁궐을 짓다

궁궐은 왕과 그의 가족, 그리고 그들의 생활을 돌보는 사람들이 사는 곳으로, 천자나 제왕 및 왕족이 사는 규모가 큰 건물이라는 뜻의 '궁宮'과 그 출입문 좌우에 설치한 망루를 지칭하는 '궐闕'의 합성어이다.

우리나라 궁궐은 고구려의 만주 국내성國內城과 평양의 안학궁安鶴宮 터에서 그 옛 모습을 찾아볼 수 있으나 실물이 없어 자세한 내용은 알 수 없다. 백제에서는 시조 온조왕 때 왕도에 신궁神宮을 세웠다는 기록이 있고, 신라도 시조인 박혁거세 때 지금의 경주에 궁궐을 지었다는 기록만 전할 뿐이다.

고려 만월대滿月臺의 궁궐은 평지가 아닌 구릉지대에 건물을 배치하고, 궁궐의 중심이 되는 외전과 내전, 침전 등의 건물군이 중심축에 배치되지 않고 지형에 맞추어 축을 달리한 점이 특징이다.

조선시대 궁궐 건축으로 대표적인 경복궁景福宮은 조선의 정궁正宮으로, 정남 중앙에 정문인 광화문光化門을 두고, 동쪽과 서쪽에 건춘문建春門과 영추문迎秋門을 세우고, 북쪽에는 신무문神武門을 배치했다. 창덕궁昌德宮은 조선시대 궁궐 중 원형이 잘 보존돼 있는 별궁으로, 경복궁 동쪽에 있다 해서 동궐東闕이라고도 한다. 창경궁昌慶宮은 고려 수강궁壽康宮 터에 세운 궁궐이며, 덕수궁德壽宮은 처음부터 궁궐로 지은 것은 아니고 왕족의 개인 집을 고종이 이곳으로 옮기면서 궁궐로 개조한 것이다. 최근 복원 사업을 하여 모습을 드러낸 경희궁慶熙宮은 처음 이름이 경덕궁慶德宮으로 왕이 나들이할 때 머물던 곳이었다.

경복궁 근정전

조선시대 국가의 중대한 의식을 거행하던 정전이다. 신하들의 조하를 받거나 정령을 반포하고 사신을 맞아들이기도 했다.

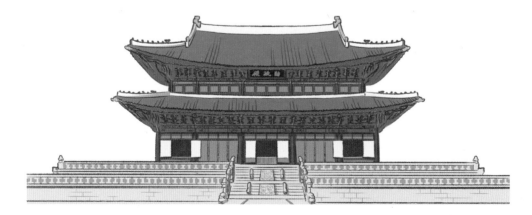

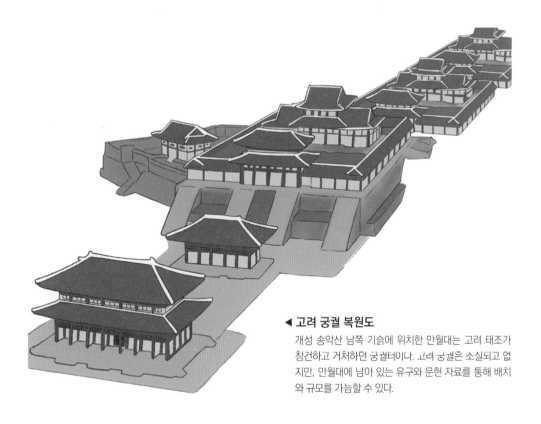

◀ 고려 궁궐 복원도

개성 송악산 남쪽 기슭에 위치한 만월대는 고려 태조가
창건하고 거처하던 궁궐터이나. 고려 궁궐은 소실되고 없
지만, 만월대에 남아 있는 유구와 문헌 자료를 통해 배치
와 규모를 가늠할 수 있다.

▲ 회경전

고려 궁성 안에 위치한 정전. 『고려도경』에는 궁성 정문인 승평문으로 들어가 신봉문과 창합문을 지나면 회경전이 나온다
고 기록돼 있다.

| 옛 국가들의 수도, 개경과 한양

고려 태조 왕건王建은 918년 궁예弓裔를 몰아내고 건국한 이듬해 수도를 철원에서 개경으로 옮긴 후 송악산 남쪽 기슭 만월대에 궁궐을 짓고 정사를 보기 시작했다. 그러나 1011년(현종 2년)에 거란이 침입해 궁궐을 불태워 소실됐고, 1014년에 새 궁궐을 준공하면서 비로소 기본적인 고려의 궁궐제도가 정착됐다.

그러나 이후에도 이자겸의 난과 몽고 침입 때 여러 전각들이 소실되고, 1270년(원종 11년)에 간신히 재건했지만 1362년(공민왕 11년) 홍건적의 침입으로 다시 소실된 후 다시는 재건하지 못하고 그 터만 남았다.

당시 궁궐의 정문은 승평문昇平門으로, 이 문을 지나 신봉문神鳳門과 창합문閶闔門을 통과하면 정전 영역이 펼쳐졌다. 여기에 왕이 정사를 처리하고 대규모 불교 행사를 거행하던 회경전會慶殿을 비롯해 제2 정전인 건덕전乾德殿, 편전인 선정전宣政殿, 침전인 중광전重光殿 등의 전각이 송악산 지세에 따라 배치됐다.

고려 개경

조선 한양보다 1.5배 크고 인구도 많은 개경은 동문과 서문을 연결하는 동서대로와, 남문과 북문을 연결하는 남북대로가 있었다. 이 대로들이 교차하는 십자거리가 개경의 중심지로, 상업이 발달했다.

고려에 이어 1392년 조선이 건국된 후 태조 이성계李成桂는 1394년 수도를 개경에서 지금의 서울인 한양으로 옮기고 제일 먼저 궁궐 건축에 착수, 이듬해 정궁인 경복궁을 준공했다. 이때 경복궁의 정남 중앙에 광화문을 세웠고, 궐내에 정전인 근정전勤政殿, 편전인 사정전思政殿, 침전인 강녕전康寧殿, 왕비 침전인 교태전交泰殿 등과 후원으로 경회루慶會樓와 향원정香遠亭을 두었다.

1405년(태종 5년)에 창건된 창덕궁은 원형이 잘 보존된 별궁으로 정문인 돈화문敦化門을 들어서면 정전인 인정전仁政殿, 편전인 선정전宣政殿, 침전인 대조전大造殿이 위치하고 후원에 흔히 비원秘苑이라 불리는 아름다운 정원이 있다. 1483년(성종 14년)에 세운 창경궁은 정문인 홍화문弘化門을 들어서면 정전인 명정전明政殿, 편전인 문정전文政殿, 침전인 경춘전景春殿 등이 위치하고 있다. 이 궁궐은 일제강점기에 창경원昌慶苑으로 불리다가 1983년 다시 본래의 명칭을 회복했다.

경복궁 남쪽에 위치한 덕수궁은 본래 명칭이 경운궁慶運宮이었으나 순종 즉위 후 현재 명칭으로 고쳤으며, 정문인 대한문大漢門을 통과하면 정전인 중화전中和殿, 편전인 함녕전咸寧殿이 위치하고, 서양식 대규모 석조 건물인 석조전石造殿이 있다. 경복궁 서쪽에 위치한 경희궁은 광해군의 명으로 건립하고 경덕궁이라 한 것을 1760년(영조 36년) 지금의 명칭으로 고쳤다. 일제강점기에 이곳에 학교를 지으면서 터만 남았다가 1987년 복원공사를 시작하고 현재의 모습으로 개방됐다. 정문은 흥화문興化門으로, 이 문을 통해 숭정문崇政門으로 들어가면 정전인 숭정전崇政殿과 편전인 자정전資政殿이 위치하고 그밖에 여러 채의 부속 건물들이 복원돼 있다.

한양 궁궐 위치도

태조 이성계는 종묘사직을 지은 후 궁궐을 짓기 시작했다. 현재 서울에 남아 있는 조선 5대 궁궐은 경복궁, 창덕궁, 창경궁, 덕수궁, 경희궁이다.

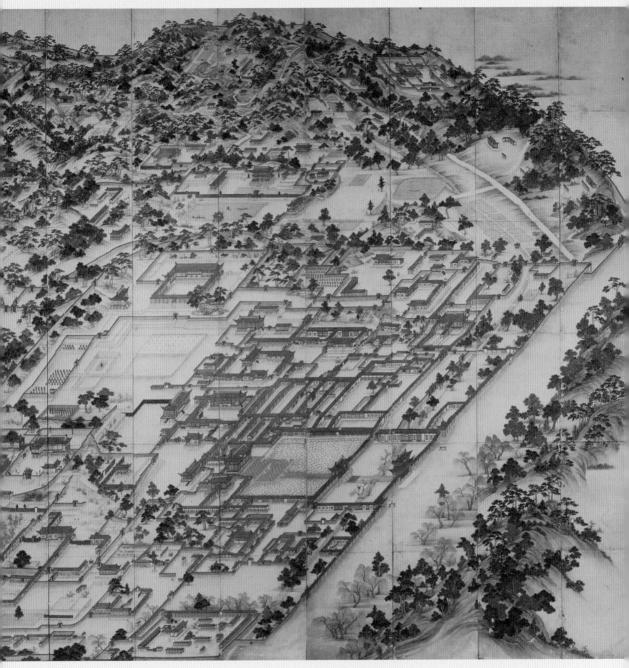

▲ 동궐도

경복궁 동쪽에 위치한 창덕궁과 창경궁을 상세히 그린 궁중회화. 1826–1830년 사이 도화서 화원들이 그린 것으로 추정된다.
동일한 두 작품이 고려대학교와 동아대학교에 소장돼 있다. 제공_ 유남해

불국토를 이룬 심산유곡의 사찰

사찰은 불교의 인생관과 세계관을 올바로 수립하며 그 진리를 널리 선양하고 구현시키는 기능을 하는 곳이다. 이러한 사찰은 대략 세 가지 특징을 지니고 건축되었는데, 첫째는 수도를 중심으로 넓은 영역에 걸쳐 장엄한 건축물을 가지는 평지가람형平地伽藍型, 둘째는 심산유곡에 자리 잡은 산지가람형山地伽藍型, 셋째는 석굴에 건립하는 석굴가람형石窟伽藍型이다.

이 중 우리나라의 사찰은 산지가람형이 주종을 이루는데, 이는 한국인의 산악신앙에 기반한 수행생활에 적합한 주위 환경을 높이 산 데서 기인한 것으로 보인다. 사찰건축의 재료로는 목재가 주종을 이루고 있으며, 경주 석굴암 같이 우리나라에 많은 단단한 화강암을 짜서 조성한 건축물도 있다.

우리나라 최초의 사찰은 375년(소수림왕 5년)에 세워진 이불란사伊弗蘭寺와 성문사省門寺이며, 신라의 경우는 이차돈異次頓의 순교를 빚은 흥륜사興輪寺를 그 효시로 본다. 이후 삼국시대를 거쳐 통일신라와 고려의 숭불정책에 힘입어 불국사와 같은 세계문화유산이 창건되었고, 우리나라에서 가장 오래된 목조건물로 인정받는 봉정사 극락전과 부석사 무량수전, 그리고 불보사찰 통도사와 법보사찰 해인사, 승보사찰 송광사 등 사찰들이 전국에 건립되어 우리나라 사찰건축의 아름다움을 보여 주고 있다.

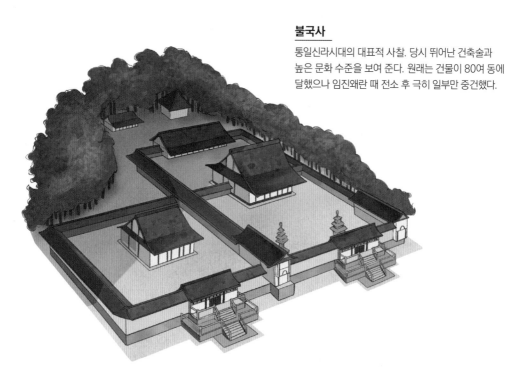

불국사
통일신라시대의 대표적 사찰. 당시 뛰어난 건축술과 높은 문화 수준을 보여 준다. 원래는 건물이 80여 동에 달했으나 임진왜란 때 전소 후 극히 일부만 중건했다.

신라인이 그린 피안의 세계, 불국사

경주 토함산 기슭에 위치한 불국사佛國寺는 이름 그대로 부처의 나라를 재현한 사찰로 우리나라는 물론 세계적으로 유명한 문화재이다. 이 절은 751년(경덕왕 10년) 김대성金大城이 창건했다고 전해지나, 『불국사고금창기佛國寺古今創記』에 따르면 이보다 훨씬 앞선 528년(법흥왕 15년)에 소규모로 창건된 것을 김대성이 현세의 부모를 위해 크게 중건했다고 하며 그의 생전에 완공을 못 보고 국가에서 완성시켰다. 따라서 불국사는 김대성 개인의 원찰願刹이라기보다는 국가 원찰로 건립됐다는 설이 지배적이다.

불국사 경내는 석단으로 크게 양분되는데, 석단의 위는 부처의 나라인 불국이고 그 밑은 아직 거기에 이르지 못한 범부의 세계를 나타낸다. 이 석단에는 대웅전을 향하는 청운교靑雲橋·백운교白雲橋가 있으며 석가모니불의 불국세계로 통하는 자하문紫霞門에 연결돼 있다. 극락전을 향해서는 연화교蓮花橋·칠보교七寶橋가 놓여 있는데, 이 두 쌍의 다리는 아미타불의 불국세계로 통하는 안양문安養門에 연결돼 있다.

불국사 경내에는 중요한 문화재가 많이 있다. 불전으로는 대웅전大雄殿과 무설전無說殿·비로전毘盧殿·관음전觀音殿·극락전極樂殿이, 누각으로는 종각인 범영루泛影樓와 경전 보관소인 경루經樓가 있다. 유명한 다보탑多寶塔과 석가탑釋迦塔이 있고, 사리탑舍利塔 1기가 위치하고 있다. 불상으로는 비로전 금동비로자나불상, 극락전 금동아미타여래좌상이 있다.

◀ 다보탑
일반적인 한국 석탑 형식이 아닌 특이한 형태를 자랑한다. 화강암으로 만들었으나 마치 나무를 조각해서 만든 것처럼 정교하고 화려하다.

▶ 석가탑
불국사 삼층석탑 또는 무영탑이라고도 한다. 전형적인 신라 석탑 양식으로, 전체적인 균형과 비례가 알맞은 뛰어난 작품이다. 탑신부 수리 중 『무구정광대다라니경』이 발견됐다.

상상 속의 복원, 황룡사 구층목탑

황룡사皇龍寺는 경북 경주시 구황동에 있었던 사찰로, 645년(선덕여왕 14년) 자장慈藏의 건의로 창건됐다. 그 규모나 격식에서 신라 제일의 사찰이며, 신라의 사상과 예술에서도 차지하는 비중이 컸으나, 1238년(고종 25년)에 몽골군의 침입으로 소실되어 지금은 그 터만 남아 있다.

이 절의 중심은 구층목탑이었다. 중국 당나라로 유학 갔던 자장이 태화지太和池 옆을 지날 때 신인神人이 나와서 "황룡사에 구층탑을 세우면 이웃 나라가 항복하여 근심이 없고 태평할 것이다"고 하자 귀국하여 왕에게 건의하니, 부처의 힘을 빌려 나라를 지키려 한 왕이 백제의 유명한 장인 아비지阿非知를 초청해 완공했다. 당시 높이가 225척이었다.

현재 목탑의 각 초석은 지름이 약 1m 내외로서 사방에 8개씩 질서정연하게 놓여 있는데, 우리나라 최초의 목탑 양식을 알 수 있는 것으로 황룡사지와 더불어 사찰 및 목탑의 규모를 보여주고 있다.

황룡사 구층목탑
신라 최대 사찰인 황룡사지에 있던 목탑. 구층은 주변 9개 나라를 의미하는데, 부처의 힘으로 이들의 침입을 막는다는 호국 불교의 성격이 드러난다. 13세기 몽골 침입으로 지금은 그 터만 남았다.

아름다운 석탑의 나라

석탑은 돌을 재료로 하여 만든 탑으로, 우리나라에서 석탑이 발생한 시기는 삼국시대 말기인 600년경으로 추정된다.

석탑은 삼국시대에 백제에서 먼저 건립됐는데, 현재까지 남아 있는 것은 익산의 미륵사지 석탑과 부여의 정림사지 오층석탑 등이다. 신라의 석탑으로는 현재 가장 오래된 경주의 분황사석탑과 건축 기단의 양상을 잘 보여 주는 의성탑리 오층석탑 등이 남아 있다. 통일신라에 들어와서는 전 시대에 볼 수 없었던 비건축적인 장식적 석탑이 유행했는데, 가장 대표적인 예로 경주의 불국사 다보탑과 구례의 화엄사 사사자 삼층석탑 등을 들 수 있다.

고려시대는 불교의 교세가 절정에 달한 시기로 전 시대의 양식을 이어받은 석탑이 많이 남아 있는데, 신라 양식 계통의 광주 춘궁리 삼층석탑과 김제의 금산사 오층석탑, 백제 양식 계통의 서천 비인 오층석탑과 정읍 은선리 삼층석탑이 유명하다. 10세기 후반부터는 고려사회의 새로운 성격이 두드러지게 나타나 석탑 조영에도 변형 석탑이 건립돼 제천의 사자빈신사지 사사자 구층석탑과 월정사 팔각구층석탑 등을 남겼다.

조선시대는 억불정책으로 불교 조형미술 분야도 쇠퇴의 길을 걸었으나 양양의 낙산사 칠층석탑과 서울 원각사지 십층석탑 같은 전대에 뒤지지 않는 석탑을 건립했다.

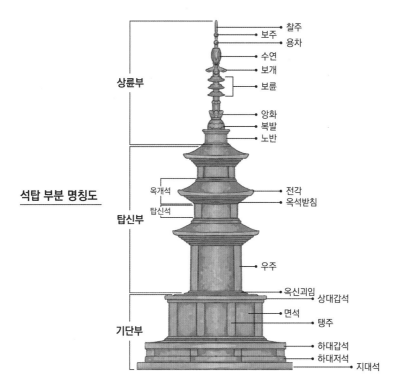

석탑 부분 명칭도

상륜부
- 찰주
- 보주
- 용차
- 수연
- 보개
- 보륜
- 앙화
- 복발
- 노반

탑신부
- 옥개석
- 탑신석
- 전각
- 옥석받침
- 우주
- 옥신괴임
- 상대갑석
- 면석
- 탱주

기단부
- 하대갑석
- 하대저석
- 지대석

◀ **미륵사지 석탑(동탑)**
백제 최대 사찰인 미륵사지에 있는 화강석 석탑이자 현재 남아 있는 국내 최대 석탑. 일반적인 백제식 가람 배치와 달리 세 개의 탑과 금당을 배치한 독특한 형식이다.

◀ **월정사 팔각구층석탑**
고려 전기의 석탑이다. 당시 화려하고 귀족적이었던 불교 문화의 면모를 보여준다.

▶ **정림사지 오층석탑**
백제 오층석탑이라고도 한다. 익산 미륵사지 석탑과 함께 2기만 남아 있는 백제 석탑이다. 우리나라 석탑 양식의 계보를 정립하는 데 중요한 자료이다.

▲ **낙산사 칠층석탑**
조선 전기의 대표적인 석탑. 화강석 탑이지만 꼭대기 장식 부분은 청동으로 돼 있다. 원래 삼층이었다가 중수하며 칠층으로 늘렸다.

◀ **분황사 모전석탑**
돌을 벽돌 모양으로 다듬어 쌓아올린 탑이다. 남아 있는 신라 석탑 가운데 가장 오래된 것으로, 지금은 삼층만 남아 있다.

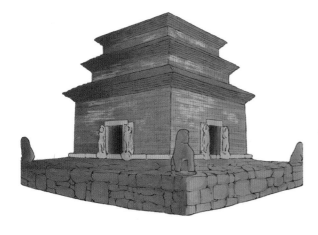

고승의 업적을 기리다, 부도

부도浮屠는 승려의 사리나 유골을 안치한 묘탑墓塔으로, 부도의 주인공과 그의 생애 및 행적을 알 수 있을 뿐 아니라, 당시의 사회상과 문화상을 정확히 알 수 있어 주목되는 불교 조형물이다.

우리나라에 실물로 전하는 최초의 부도는 844년(문성왕 6년)에 조성된 원주 흥법사지 염거 화상 탑으로, 팔각형을 기본으로 한 부도로서 이후 신라시대에 건립된 부도는 모두 이러한 형태를 기본으로 삼고 있다. 화순 쌍봉사 철감 선사탑과 울주 석남사 부도, 울산 태화사지 십이지상 부도도 이때 이루어진 것이다.

고려시대 이후에는 원주 법천사지 지광국사 현묘탑과 같이 평면이 사각형으로 변하여 일반 석탑과 같은 형태의 부도가 나타나기도 하고, 범종 모양의 석종형石鐘形 부도가 나타나는 등 발전상을 보였다. 충주 정토사지 홍법국사 실상탑과 김제 금산사 부도는 고려시대를 대표하는 특이한 형태의 조형물이다.

조선시대에도 구례 연곡사 서부도와 양주 회암사지 부도, 충주 청룡사지 보각국사 정혜원융탑 등 많은 석조물이 조영됐다.

고달사지 부도

고려 초 부도. 우리나라에 남아 있는 부도 가운데 가장 크다. 신라시대의 팔각원당형 부도 양식을 따르고 있다.

◀ 흥법사지 염거 화상탑

신라 말의 팔각원당형 석조 부도. 원주 흥법사 터에 세워져 있다가 국립중앙박물관 경내로 옮겨졌다. 신라 부도 가운데 가장 오래됐다.

▶ 정토사 홍법국사 실상탑

고려 전기의 탑비. 상륜부는 모두 사라졌지만 탑신석이 공 모양으로 매우 희귀한 형태이다.

후세에 전하는 귀중한 사적, 비석

비석은 돌로 만든 비碑로서, 어떤 사적을 후세에 오래 전하기 위해 표면에 글을 새겨 세워 놓는 것을 이른다. 비의 재질은 돌 이외에도 나무나 쇠붙이도 있으나 대부분이 돌에 새긴 것이므로 '비'라 하면 곧 비석을 일컫는다.

비석은 그 내용에 따라 탑비塔碑, 묘비墓碑, 신도비神道碑, 사적비事蹟碑, 송덕비頌德碑 등이 있는데, 대개는 사건 당시 또는 그와 가까운 시기에 기록되기 때문에 역사 연구와 서예 등 여러 분야에 귀중한 연구 자료가 된다.

우리나라에서 발견된 비석으로 가장 오래된 것은 85년에 세워진 점제현 신사비이며, 그다음은 만주 집안현에 있는 광개토대왕비와 신라 진흥왕의 척경비 및 순수비, 백제의 사택지적비가 대표적이다. 비석의 밑받침으로 조성되는 귀부는 신라 태종 무열왕릉비에서 비로소 나타났고 이후 여러 비석에 조영됐다. 통일신라의 비석 중에는 보령 성주사지 대낭혜화상탑비와 하동 쌍계사 진감선사탑비가 유명하다.

고려시대의 비석은 통일신라의 것을 계승한 것으로, 정토사 홍법국사 실상탑비와 포항 보경사 원진국사비, 여주 신륵사 보제존자 석종비 등이 있고, 조선시대에는 서울 원각사지비와 세종대왕신도비, 영암 도갑사 도선국사비 등이 건립됐다.

진흥왕 순수비
신라 진흥왕이 영토를 넓히고 기념으로 국경 곳곳에 세운 비석. 창녕비(경남), 북한산비(서울), 황초령비(함남), 마운령비(함남)가 발견됐다.

◀ 태종 무열왕릉비

신라 무열왕릉 앞에 세워진 능비. 귀부(거북 모양 받침돌)와
이수(용을 새긴 비석 머릿돌)만 남아 있고 비신은 소실됐다.
거북이 목을 들고 앞으로 전진하는 모습이 독창적이다.

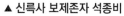

▲ 신륵사 보제존자 석종비

고려 후기 석비 형식을 잘 보여주는 비. 대리석 비신 양 옆에
화강암 기둥을 대고 그 위에 기왓골을 조각한 옥개석을 얹었다.

◀ 원각사지 대원각사비

원각사 창건 전말을 기록한 조선시대 비.
고전적인 석비 양식을 계승하고 있으며, 조각이 화려하다.

석등, 세상의 어둠을 밝히다

석등石燈은 돌을 재료로 하여 만든 등으로, 사각형과 육각형, 팔각형 모양의 것들이 있다. 백제시대의 석등은 주로 팔각형 모양인데, 이는 통일신라에 와서 주류를 이루어 영주 부석사 무량수전 앞 석등이 건립되고, 법주사 사천왕 석등에는 등잔을 넣은 부분에 보살상 대신 사천 왕상을 넣어 주목을 끈다. 또한 이 시대 호남지방에서는 석등 중간 부분을 북 모양으로 만든 것도 있는데, 구례 화엄사 각황전 석등이 대표적으로 우리나라에서 가장 클 뿐 아니라 장엄하고 대담한 걸작이다.

형태가 이색적인 석등도 있는데, 탑 중간에 사자 두 마리를 조영한 통일신라 때 작품 법주사 쌍사자 석등과 광양 중흥산성 쌍사자 석등이 유명하다. 고려시대의 것으로는 고달사지 쌍사자 석등과 개성 현릉 장명등이 있고, 조선시대의 것으로는 회암사지 쌍사자 석등과 사자 한 마리가 엎드려 있는 모습의 청룡사 보각국사 정혜원융탑 사자석등이 있다. 또 화엄사 사사자 석탑앞 석등에는 승려 모양의 인물 좌상을 안치했는데, 석등에 인물상을 이용하는 수법은 전형적인 양식에서 벗어난 것이지만 특이한 시각적 효과를 보이고 있다. 육각형의 특이한 것으로는 법천사지 광국사 현묘탑 앞 석등과 금강산의 정양사 석등이 있다.

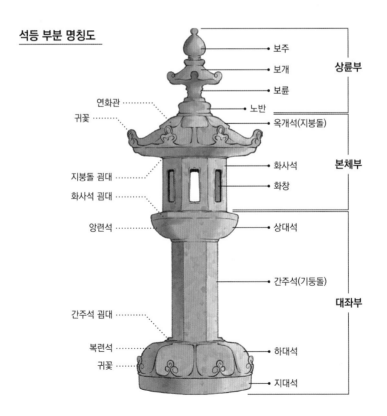

석등 부분 명칭도

- 보주
- 보개
- 보륜 — **상륜부**
- 노반
- 옥개석(지붕돌)
- 연화관
- 귀꽃
- 화사석
- 화창 — **본체부**
- 지붕돌 굄대
- 화사석 굄대
- 앙련석
- 상대석
- 간주석(기둥돌)
- 간주석 굄대 — **대좌부**
- 복련석
- 귀꽃
- 하대석
- 지대석

◀ **법주사 쌍사자 석등**
쌍사자를 조각해 간주석에 특색을 준 전형적인
신라 팔각 석등이다. 법주사 사천왕 석등과 함께
신라 석등의 걸작으로 꼽힌다.

▶ **보림사 석등**
기단부와 화사부, 상륜부를 구비한
기본형 한국 석등이다. 통일신라시대에 건립됐으며,
안정된 균형미와 장식미가 드러난다.

▶ **증흥산성 쌍사자 석등**
통일신라시대 석등. 간주석 대신
쌍사자를 조각한 것이 특징이다.
장식이 복잡하지 않으면서도
사실적이고 조형이 경쾌하다.

◀ **화엄사 각황전 앞 석등**
높이 6.36미터로, 우리나
라에 남아 있는 석등 중 가
장 크면서도 세부 장식이
뛰어나다. 통일신라 석조미
술을 대표하는 작품이다.

◀ **부석사 무량수전 앞 석등**
형태가 단아하면서도 짜임새 있으며 상하 비례가 절묘하고
조각수법이 정교해 신라 석등 중에서도 걸작으로 꼽는다.

죽은 자의 안식처, 고분

가족이나 공동 생활체의 일원이 죽으면 그를 추모할 기념적 형체로서 무덤을 만드는데, 이들 중 특히 고대의 것을 고분古墳이라 하여 당시의 생활상을 알기 위한 연구의 대상으로 삼고 있다. 이들 고분에는 조선의 왕릉처럼 규모가 크고 호화로운 것도 있지만, 관료층이나 일반 서민들도 그 신분과 처지에 맞는 무덤을 사후의 안식처로 생각하고 많은 관심을 기울였다.

우리나라 최초의 무덤으로 알려진 지석묘는 큰 돌을 몇 개 둘러 세우고 그 위에 넓적한 돌을 덮어놓은 선사시대의 무덤이다. 이에는 바둑판식인 남방식 지석묘와 탁자식인 북방식 지석묘가 있는데, 각각 전북 고창의 지석묘와 황해도 은율의 것이 대표적이다.

삼국시대에 들어와 고구려에서는 돌을 다듬어 장군총 같은 큰 고분을 조성했고, 백제에서는 최초로 그 주인공을 알 수 있는 지석誌石이 발굴된 유일한 고분인 무령왕릉이 모습을 드러냈다. 신라에서는 금관이 출토된 금관총金冠塚·금령총金鈴塚·서봉총瑞鳳塚·천마총天馬塚 등이 알려졌고, 삼국통일의 주역인 김유신의 묘는 경주 송화산 줄기가 동쪽으로 뻗어 전망이 좋은 구릉 위의 울창한 소나무 숲속에 자리 잡고 있는데, 묘의 지름만 30m에 달하는 큰 무덤이다. 이러한 고분에는 무덤의 유실이나 붕괴를 막고 조경 미화를 위해 묘 주위에 나무와 잔디를 심었는데, 공주의 무령왕릉과 부여의 능산리 고분 주위에는 울창한 송림이 조성돼 있었다.

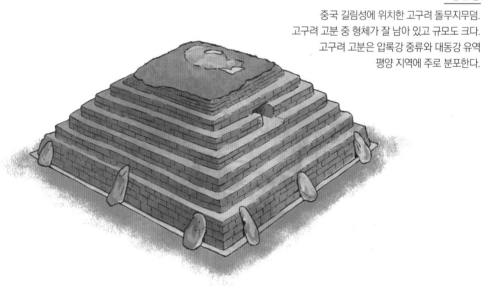

장군총
중국 길림성에 위치한 고구려 돌무지무덤.
고구려 고분 중 형체가 잘 남아 있고 규모도 크다.
고구려 고분은 압록강 중류와 대동강 유역
평양 지역에 주로 분포한다.

▶ **지석묘**
우리나라 청동기시대 무덤 양식. 특히 전북 고창은 다양한
형식의 지석묘가 분포, 세계적인 청동기문화 중심지로
알려져 있다.

◀ **쌍영총**
평안남도 남포에 위치한 대표적 고구려 중기 고분.
생활풍속과 사신, 행렬도 등을 기록한 벽화가 있다.

▶ **무용총**
중국 길림성에 위치한 고구려 고분. 오른쪽 벽면에 수렵도,
왼쪽 벽면에 기마도와 남녀 군무상 등이 그려져 있다.

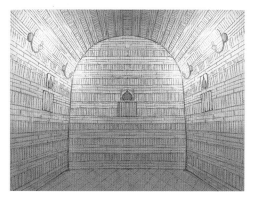

◀ **무령왕릉 현실**
백제 무령왕과 왕비의 능 제일 안쪽에 있는 방.
벽돌을 쌓아 아치형 천정을 세웠다.

▶ **금관총 표지석**
화려한 신라 금관이 처음 출토된 돌무지덧널무덤. 고분 구조
등이 잘 알려지지 않아 표지석을 세우고 일대를 보호하고 있다.

오백 년 왕조의 영면, 조선 왕릉

왕릉은 왕과 왕비 그리고 사후에 추존된 왕과 왕비의 무덤으로, 조선 왕릉은 모두 44기이며, 이 중 40기가 세계문화유산으로 지정돼 있다.

조선 왕릉은 영월에 있는 단종의 장릉과 북한 개성에 있는 정종의 후릉을 제외하고는 모두 서울이나 서울 주변에 있으며, 특히 경기도 구리의 동구릉東九陵에는 태조의 건원릉을 비롯해 현릉·목릉·휘릉·숭릉·혜릉·원릉·수릉·경릉의 9개 능이, 경기도 고양의 서오릉西五陵에는 창릉·명릉·익릉·경릉과 영조의 홍릉이 모여 있다.

조선 왕릉은 기본적으로 유교 예법에 근거하여 공간이 구성돼 있으면서도 봉분의 조성 형태에 따라 형태적 차별을 보이고 있는데, 왕과 왕비의 능을 단독으로 조성한 건원릉과 중종 정릉 등의 단릉單陵, 하나의 울타리 안에 조성한 강릉·예릉·원릉 등의 쌍릉雙陵, 하나의 봉분에 합장한 세종 영릉과 인조 장릉 등의 합장릉合葬陵, 같은 능역의 서로 다른 언덕에 봉분을 조성한 광릉과 선릉의 동원이강릉同原二岡陵, 한 언덕에 봉분을 위아래로 조성한 의릉과 효종 영릉의 동원상하릉同原上下陵, 한 언덕에 왕과 두 명의 왕비 봉분을 나란히 조성한 경릉의 삼연릉三連陵이 있다.

조선 왕릉 분포도

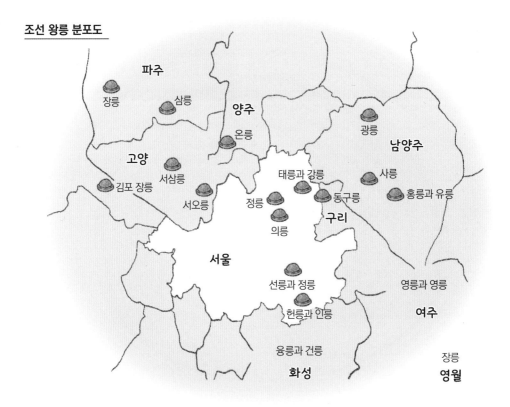

배산임수 터, 조선 왕릉 상설도

한 왕조를 이끈 왕과 왕비의 무덤이 고스란히 보존된 경우는 세계에서 조선 왕릉이 유일하다. 보통 뛰어난 자연경관 속 배산임수背山臨水 지형에 자리 잡고 있으며, 매장지에 의례를 위한 장소와 부속 건물까지 있다. 조선 왕릉의 기본 구조는 다음과 같다.

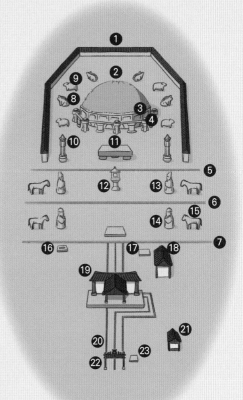

❶ **곡장** 왕릉을 보호하기 위해 삼면으로 둘러놓은 담장

❷ **능침** 왕과 왕비의 무덤. 봉분이라고도 한다.

❸ **병풍석** 봉분 밑 부분에 두르는 열두 개의 돌
12방위를 나타내는 십이지신상을 양각했다.

❹ **난간석** 봉분 주위를 보호하기 위해 봉분 둘레에
설치한 돌난간

❺ **상계** 능원을 장대석으로 세 단으로 나누었을 때
맨 윗단. 능침이 자리한다.

❻ **중계** 문인석과 석마가 세워진 중간 단

❼ **하계** 무인석과 석마가 세워진 아랫단

❽ **석호** 능침을 지키는 돌로 만든 호랑이 모양의 조각물

❾ **석양** 사악한 것을 물리치기 위해 봉분 주위에 배치한
돌로 만든 양

❿ **망주석** 봉분 좌우측에 세운 기둥 한 쌍

⓫ **혼유석** '혼령이 앉아 논다'는 무덤과 상석 사이에
놓은 직사각형 돌

⓬ **장명등** 왕의 사후세계를 밝힌다는 의미의 석등

⓭ **문인석** 능 앞에 세워둔 문관 형상

⓮ **무인석** 문인석 아랫단에서 왕을 호위하는 무관 형상

⓯ **석마** 문인석과 무인석 열이나 뒤에 서 있는 돌로 만든 말

⓰ **예감** 제향 때 축문을 태우던 곳

⓱ **산신석** 능이 위치한 곳의 산신에게 제사를 지내는
자리

⓲ **비각** 능 주인의 행적을 기록한 신도비나 표석을 세워
둔 건물

⓳ **정자각** 제향을 모시는 건물로, 'ㅜ' 자 모양이다.

⓴ **참도** 홍살문에서 정자각까지 이어진 길. 왼쪽의 약간 높
은 길은 신이 다니는 신도이고, 오른쪽 낮은 길은 임금이
다니는 어로이다.

㉑ **수복방** 홍능을 지키는 수복들이 지내던 곳

㉒ **홍살문** 신성한 지역임을 알리는 붉은 기둥의 문

㉓ **배위** 능에 행차한 왕을 위해 마련한 자리. 판위라고도
한다.

실용적이고 아름다운 다리

다리는 주로 하천이나 도로를 건너가기 위해 설치한 구조물로, 고대부터 근대 전까지는 목재를 이용하는 목교木橋와 돌을 이용한 석교石橋가 많이 축조됐다.

기록에 나타난 우리나라 최초의 다리는 413년(장수왕 1년)에 완공된 평양주대교平壤州大橋인데, 당시로서는 대대적인 공사가 진행된 것으로 보인다. 우리나라 최초의 석교는 750년경 김대성이 불국사를 중창할 대 조성한 청운교·백운교가 아치교로서 현재까지 완전한 상태로 남아 있고 연대 또한 가장 오래된 것이다.

고려시대의 다리로는 우선 선죽교善竹橋를 든다. 개성 자남산 동쪽 기슭의 작은 개울에 놓인 다리로, 고려 말 충신 정몽주鄭夢周가 이성계 아들 이방원李芳遠 일파에 의해 순사한 곳으로 잘 알려져 있다.

조선시대에 이르러서는 많은 다리가 가설됐으며, 현재 많은 예가 전하고 있다. 서울에는 조선 초 가장 긴 다리였다는 살곶이다리와 수위 측정의 역할을 했다는 수표교水標橋가 유명하며, 지방에도 진천 농다리, 함평 고막천 석교, 완도의 세연정 굴뚝다리, 순천 선암사 승선교, 수원 화홍교 등 실용적이고 아름다운 다리가 많이 축조됐다.

선죽교
개성에 있는 고려시대 석교. 화강석으로 만든 전형적인 판교이다. 원래 이름은 선지교이다.

▲ 진천 농다리
고려 전기에 놓은 돌다리. 작은 돌로 쌓은 교각이 유실되지 않도록 축조한 기법이 전국에 유례가 없는 희귀한 다리이다.

▶ 승선교
임진왜란 이후 선암사를 중창할 때 놓은
화강암 석교. 약간의 보수 흔적이 있지만,
비교적 원형 그대로 유지되고 있다.

삶의 멋과 풍류, 누정

누정樓亭은 사방을 바라보며 경치를 완상할 수 있도록 마룻바닥을 지면에서 좀 더 높게 지은 다락집으로, 누각과 정자를 함께 일컫는 명칭이다. 우리나라의 누정은 488년(소지왕 10년)에 왕이 천천정天泉亭에 행차했다는 기록에서 처음 볼 수 있으며, 백제는 636년 무왕이 망해루望海樓에서 신하들에게 잔치를 베풀었다는 기록이 처음 나온다.

누정은 산수 좋은 곳에 위치한 것이 특징인데, 진주의 촉석루矗石樓나 평양의 부벽루浮碧樓는 강변에 위치하고, 울진의 망양정望洋亭이나 양양의 의상대義湘臺는 바다를 끼고 있다. 또 궁궐에도 많은 누정이 있는데 경복궁의 경회루나 부여의 포룡정抱龍亭이 대표적이며, 원림 내의 누정으로는 남원의 광한루廣寒樓나 담양의 광풍각光風閣이 유명하다. 한편, 평양의 모란봉牡丹峰은 여러 누정이 잘 배치돼 있어 우리나라 대표적인 경관을 자랑하고 있다.

누정 명칭의 유래는 건물마다 다르다. 남원의 용두정龍頭亭은 용머리와 같은 바위 위에 있기 때문에 붙인 이름이고, 서울 마포의 희우정喜雨亭은 가뭄에 비 오기를 빌다가 단비가 오자 그 같은 이름을 붙였다. 영월의 자규루子規樓는 단종이 이곳에 귀양 와서 슬피 우는 자규 소리를 듣고 자규시를 지었다 하여 붙인 이름이며, 양양의 하조대河趙臺는 이곳의 경치를 완상하던 하륜河崙과 조준趙浚의 성을 따서 붙인 명칭이다.

경희루
경복궁 서쪽 연못에 세워진 누각. 조선 후기 연회 장소로 이용됐다. 특히 경회루에서 바라다 보이는 북악산은 한양 최고의 차경借景으로 꼽혔다.

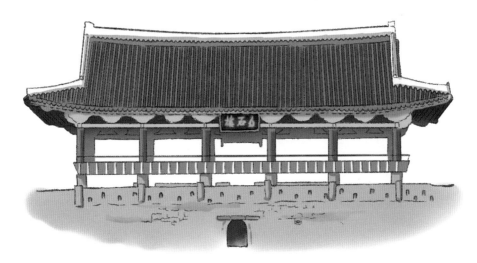

▲ 촉석루

　　고려 후기에 건립된 누각. 영남 제일의 누각이었다. 과거를 치르는 고사장으로 쓰였으며,
　　전쟁 시에는 진주성을 지키는 본부였다.

▲ 광한루

　　조선 중기에 세워진 누각. 1419년 남원으로 유배 온 황희가 올린 누각으로, 당시 이름은 광통루였다.
　　밀양 영남루, 진주 촉석루, 평양 부벽루와 함께 우리나라 4대 누각으로 꼽는다.

11장

온기가 깃드는 집, 한옥

냉방을 위한 마루와 난방을 위한 온돌 구조를 지닌 우리나라 고유의 가옥 양식 한옥韓屋. 구한말 문호 개방과 해방 후 현대화를 거치면서 급격히 보급된 양옥洋屋에 대비되는 재래식 가옥이다.

함경도나 강원도 등의 산간지역에서 얇은 돌조각이나 나뭇조각으로 지붕을 이는 너와집, 참나무 껍질로 지붕을 이는 굴피집, 통나무를 '井' 자 모양으로 쌓아 올려 벽을 삼은 귀틀집 등은 최소의 비용으로 보온을 유지하여 추운 겨울을 나기 위해 지은 독특한 가옥이자 한옥의 원초적 형태라 할 수 있다.

통일신라와 고려시대에 이르러서는 귀족문화가 융성하면서 매우 사치스러운 가옥을 지어 생활했고, 조선시대에는 사치를 자제하는 유교문화의 전래와 함께 검소한 주택 형태를 추구했으나 지방에는 오늘날까지 내려오는 한옥 고택들처럼 공간을 널찍하게 사용한 기와집과 초가집들이 있었다. 한양 같은 도시에서는 북촌 한옥들처럼 단일 건물을 'ㅁ' 자나 'ㄹ' 자로 복잡하게 꺾어 공간 활용도를 높인 한옥들이 지어졌다.

이러한 한옥은 일제강점기부터 일본식 건축물과 근대식 양옥들이 들어서면서 점점 자취를 감췄다. 그러다가 오백 년 전통을 간직한 반촌 유적지 경주 양동마을(중요민속자료 제189호)이나 최근 조성된 전주 한옥마을과 공주 한옥마을 등을 통해 현대와 공존하는 새로운 전통 가옥을 체험하게 됐다.

한옥은 어떻게 지었을까

한옥은 기둥으로 건물 전체를 지탱하므로 벽이 없어도 무너지지 않고, 반대로 집 구조를 쉽게 변경할 수 있게 설계된 건축물이다. 각 부재들은 각기의 위치에서 필요한 역할을 기능하고 있다.

가장 아래에서 건물을 받치는 주춧돌은 기둥의 밑동이 흙에 닿지 않게 해서 기둥이 썩는 것을 방지하여 기둥이 장기간 집 전체의 무게를 지탱하게 한다. 벽은 흙으로 만들어 냉난방이 잘되며, 내부의 마루는 땅으로부터 올라오는 습기나 열기 등이 집 안으로 들어오지 못하게 하고, 창문은 창호지를 이용해 방 안의 온도와 습도를 일정하게 유지해 준다.

기둥과 기둥 사이를 건너지르는 대들보는 지붕의 무게를 각 기둥으로 고르게 분산시키며, 처마는 계절에 따라 변하는 햇빛의 각도를 이용해 사방에 붙어 있는 창문과 더불어 집 안과 방 안에 들어오는 햇빛의 양을 조절해 준다.

지붕의 기와는 수키와와 암키와를 사용해서 빗물이 처마 아래로 떨어져 지붕의 목조 구조물이 썩지 않게 한다.

한옥
한국 고유의 전통적 목조 방식으로 구조부를 세우고,
한식 기와 등 자연재료로 마감한 전통적 외관을 갖춘
건축물과 부속시설을 말한다.

▶ 경주 양동 관가정 홑처마

서까래가 기둥 밖으로 빠져나온 부분을 처마라 한다. 직사광선을 조절하고 기둥에 빗물이 닿지 않도록 만든 장치. 10대 한옥 중 하나로 꼽는 양동마을 관가정은 짧은 서까래를 잇대지 않은 홑처마이다.

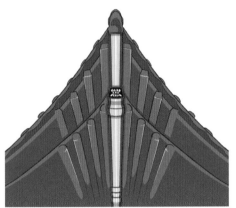

▲ 경복궁 사정전 추녀

처마와 처마가 만나는 부분에 경계를 짓 듯 걸치는 건축재를 추녀라 한다. 왕이 정무를 보는 사정전 추녀에 연꽃 문양이 장식돼 있다.

▲ 아산 맹씨 행단 추녀

조선 초 문신 맹사성 집안의 고택. 고려 말에 지어져, 현존하는 민가 중 가장 오래돼 옛 건축물의 구조적 기법을 잘 보여 준다.

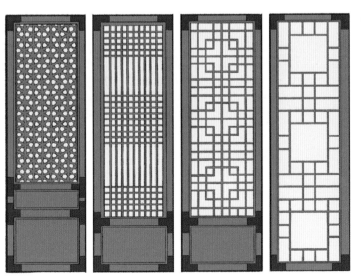

◀ 다양한 문살 모양

문살은 창호의 짜임새에 나타나는 장식무늬를 말한다. 띠살문, '亞' 자 살문 등 단아하고 절제된 문양으로 한옥의 조형미를 살렸다.

나뉜 듯 어우러지는 공간 구성

조선시대 상류층의 한옥을 중심으로 그 공간 구성을 살펴보면, 우선 가옥의 위치와 가문의 위엄을 알리는 동시에 집안의 출입처 역할을 하는 솟을대문이 있고, 대문을 들어서면 바깥주인의 생활공간이자 손님을 맞이하는 사랑채가 있다.

마당을 통해 들어가 대청마루에 올라서면 안주인의 생활 거처이자 살림을 맡고 있는 안채, 집안 살림 도구와 곡식을 저장하는 광채와 곳간채, 집안의 하인들이 생활하며 거처하던 행랑채, 그리고 선조의 신주를 모시고 위패를 보존하던 사당채 등이 위치한다.

한옥의 집안 배치

상류 주택에서는 신분과 장유, 남녀를 구별해
공간을 배치했다. 집채를 달리하고
집 안에 작은 담장을 세운 것이 그 예다.

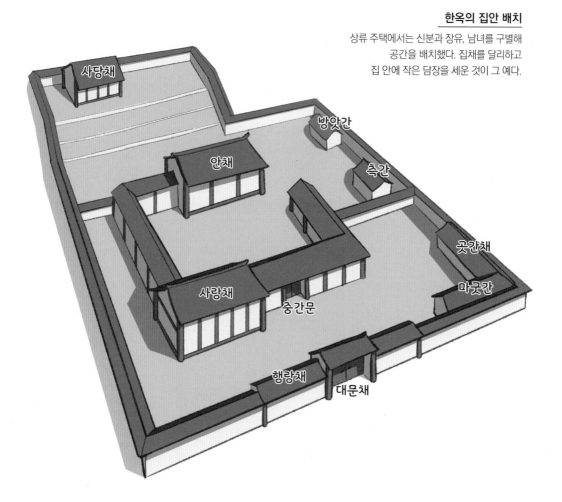

▲ 안방

　여성 주인이 거처하는 방. 가옥에서 제일 안쪽에 위치한다. 농과 장이 가장 큰 비중을 차지하고 탁자장, 버선장, 좌경, 빗접, 반짇고리 등이 있었다.

▲ 사랑방

　남성의 침실이자 서재. 손님을 맞는 곳이기도 하다. 책장, 탁자, 머릿장, 문갑, 서안, 경상, 필통, 지통 등 문방가구를 갖췄다.

한옥의 완성, 지붕

지붕은 한옥 건축에서 가장 정교하고 과학적인 구조물이다. 현존하는 한옥은 거의 조선시대 건축 양식에 따른 것으로, 신분제도가 엄격했던 당시의 사회적 영향을 받아 지붕의 형태가 다르게 나타났다.

상위층인 왕족이나 양반 계급의 경우는 장식적이고 호화롭게 보이는 기와지붕을 얹었고, 일반 백성들은 짚으로 엮은 초가지붕을 사용한 것이 특징이다. 이 밖에 특이한 지붕으로 너와지붕과 돌기와 지붕 등이 민속적 자료로 보존되고 있다.

한옥 지붕은 형태가 다양한데, 흔히 볼 수 있는 맞배지붕과 팔작지붕, 우진각지붕 외에도 네모지붕·육모지붕·팔모지붕·솟을지붕·다각지붕·가적지붕이 있고, T자지붕·十자지붕·一자지붕·ㄱ자지붕·ㄷ자지붕·ㅁ자지붕 등 특이하고 복잡한 형태의 것도 있어 한옥의 아름다움과 실용성을 보여준다.

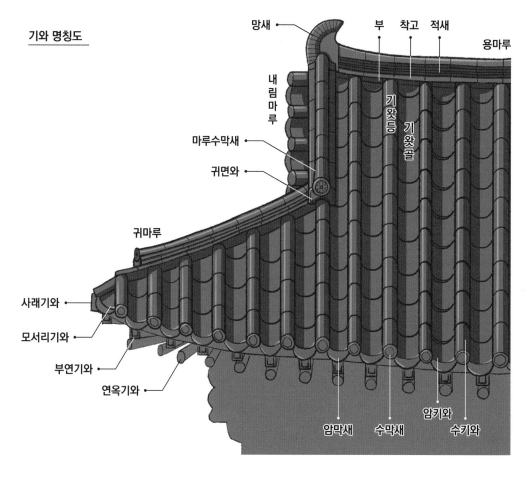

기와 명칭도

망새 · 부 · 착고 · 적새 · 용마루 · 내림마루 · 기왓등 · 기왓골 · 마루수막새 · 귀면와 · 귀마루 · 사래기와 · 모서리기와 · 부연기와 · 연옥기와 · 암막새 · 수막새 · 암키와 · 수키와

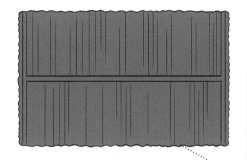

◀ 맞배지붕

가장 간단한 지붕 양식. 건물 모서리에 추녀가 없고 측면 벽이
삼각형으로 돼 있다. 측면에서 보면 지붕면 테두리가 보인다.

▶ 팔작지붕

사방에 지붕면이 있으나 양측 지붕면 위에 삼각형의 벽이 있다.
가장 완비된 지붕 형식으로 기와지붕에 적절하다. 궁궐이나 사
찰의 주요 건물 지붕에 적용했다.

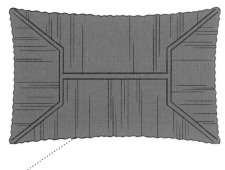

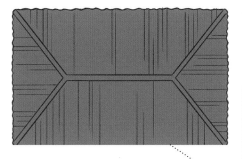

◀ 우진각지붕

지붕면이 사방으로 경사가 진 지붕. 정면에서는 사다리꼴, 측면
에서는 삼각형으로 보인다. 우리나라 궁궐 정문이나 문루 등에
많이 보인다.

아름다운 지붕의 흔적들, 수막새와 치미

전통적인 목조 건축에서 지붕에 기와를 덮고 나면 그 막음 처리와 장식 목적 등으로 수막새와 치미를 설치한다.

수막새는 지붕의 수키와가 쭉 이어져 형성된 기왓등 끝에 드림새를 붙여 만든 기와이다. 고구려 지역에서는 반원 모양의 수막새가 출토된 적이 있으며 백제에서도 연화문 모양의 수막새를 사용한 기록이 있고, 그 제조법을 일본에 전수한 사실이 일본의 유적을 통해 증명된다. 신라에서도 연화문 수막새를 사용했으며, 아주 드물게 인면문人面文 수막새도 발견된다. 귀면문鬼面文은 삼국 모두 제작했는데, 이는 건물로 들어오는 나쁜 기운을 물리치고 안전을 기원하는 뜻을 담고 있다. 통일신라 때에는 녹유綠釉를 칠한 수막새와 타원형의 수막새가 사용돼 형태상 큰 변화를 가져왔고, 조선시대에는 단순하고 퇴화된 연화문 수막새를 제조했다.

한편, 치미鴟尾는 건물의 용마루 앞쪽 끝머리에 얹는 장식 기와로, 매의 머리처럼 쑥 불거지고 모가 난 두 뺨에 눈알과 깃 모양의 선과 점을 새겼다. 이러한 모양이 멀리서 보면 새의 꼬리를 닮은 모양이어서 치미라고 불렀다. 길상吉祥과 벽사辟邪를 상징하는 새 봉황에서 비롯됐다고 하며, 고구려에서는 4~5세기의 고분벽화에 나타난 궁궐 건축에서 그 흔적이 보인다. 백제는 부여 천도 이후 많은 수량의 치미를 제조해 사용한 유물이 보이며 신라도 황룡사지에서 출토된 유물로 그 실상을 알 수 있다. 통일신라의 치미는 양 측면에 변형된 꽃무늬가 배치된 단순한 조각의 것들이 보이며, 고려시대부터는 중국의 영향을 받아 화재 방지 목적에서 물고기와 용, 수리나 용의 머리 모양 치미가 변형적으로 나타났다.

◀ 고구려 수막새

◀ 신라 수막새

▶ 백제 수막새

▶ 황룡사 치미
삼국시대와 통일신라시대에는 새 꽁지깃 모양으로 용마루 끝머리를 장식했다.

제주도는 바람도 많아, 돌담집

한옥은 한반도 지방의 기후나 성향에 따라 그 건축 양식이나 가옥의 방향이 달라진다.

추운 북부 지방에서는 구들장을 덮고 흙을 발라 불을 때서 방을 덥게 하는 구들 설치에 특히 공을 들였으며, 창문과 문도 열 손실을 방지하기 위해 좁게 설치했다. 보온을 위해 방을 두 줄로 배열하는 겹집 구조에 낮은 지붕 형태가 특징이다.

남쪽에서는 통풍이 잘 되도록 방을 한 줄로 배열하는 홑집 구조와 높직한 지붕으로 건축했다. 이처럼 남부 지방에서는 보다 개방적인 형태로 시원스런 외관을 지니게 됐고, 중국에서 들어온 기와와 단청 기술을 발전시켜 호화로운 한옥 형태가 나왔다.

지역별 특징을 좀 더 구체적으로 보면, 북부에서도 평안도 지방과 함경도 지방의 구조적 차이가 있으며, 남부에서는 경상도 지방과 전라도 지방의 구조가 다르고, 중부 지방인 서울·경기 지방의 한옥도 나름대로의 지역적 특징을 지니고 있다.

제주도 돌담집
제주도는 바람이 많아 집 둘레에
돌을 층층이 쌓아 올렸다.

▶ 남부 지방의 가옥
날씨가 덥기 때문에 바람이
잘 통하는 일자형 구조.
대청마루가 넓고
쪽문이 많다.

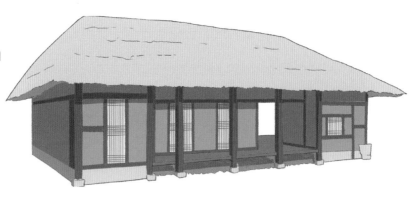

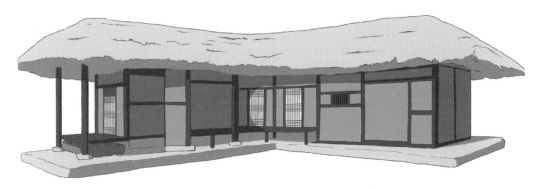

▲ 중부 지방의 가옥
남부 지방과 북부 지방 가옥의 중간 형태인 'ㄱ' 자 구조.
더위와 추위에 모두 대비할 수 있었다.

▼ 북부 지방의 가옥
대청마루가 사라지고 안방, 사랑방, 대청이 한 가옥에 배치된 'ㅁ' 자 구조.
춥고 긴 겨울을 나기 위해 부엌과 안방 사이 벽을 두지 않고
정주간을 만들기도 했다.

◀ 경상북도 까치구멍집
환기를 위해 지붕 용마루에 구멍
을 낸 집. '口' 자 형의 겹집으로
폐쇄형 가옥이다. 태백산맥 일대
에 분포했다.

▶ 울릉도 우데기
본채 벽 바깥쪽에 기둥을 세우고
옥수숫대 등을 엮어 외벽을 친
집이다. 방설, 방우, 방풍
기능을 했다.

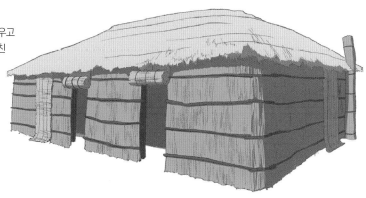

▼ 강원도 너와집
기와나 짚 대신 붉은 소나무 조각으로 지붕을 덮은 집.
느에집, 능에집이라고도 한다.
산간 지방에서 흔히 볼 수 있다.

아름답고도 장엄하게, 단청

단청은 주로 오방색으로 불리는 청색·백색·적색·흑색·황색 등 다섯 가지 색을 기본으로 사용해 건축물에 여러 가지 무늬와 그림을 그려 아름답고 장엄하게 장식하는 행위이다. 건축물을 장기적으로 보존하고 재질의 결점을 은폐하는 한편, 그 대상물이 지닌 특수성을 강조하고 통일성과 다양성을 부여하는 구실을 한다.

　우리나라 단청의 가장 오래된 예는 고구려 통구의 사신총四神塚 벽화에서 확연히 볼 수 있으며, 신라에서도 안압지雁鴨池에서 출토된 건축 부재의 붉은 칠에서 단청을 확인할 수 있다. 고려시대에는 수덕사修德寺 대웅전에서 화려했던 단청의 모습을 볼 수 있으며, 조선시대에 와서도 새로 치장하기 전의 흥인지문興仁之門에서 단청이 확인된다.

　단청의 시공은 해당 건물의 단청 형식을 선정하여 무늬를 채택한 뒤 색을 배합하고 칠 처리를 하는 과정을 거치는데, 이와 같은 시공 과정을 통해 단청은 체계적이며 규칙적인 아름다움을 나타내게 된다.

단청
목조 건축물에 청·백·적·흑·황색으로 그려넣은 여러 가지 문양과 그림.

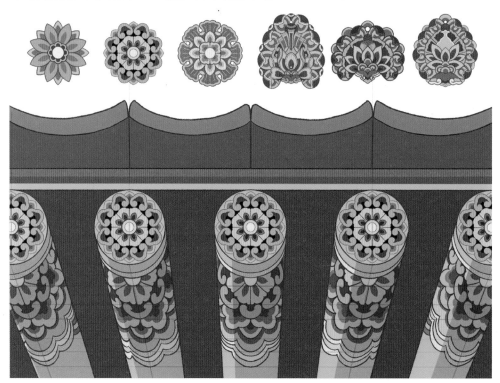

아름다운 한옥의 밀집, 한옥마을

최근 들어 한옥에 대한 관심과 주거지로서의 선호도가 높아지면서 국가에서 전통한옥마을이나 한옥 보존지구 등을 지정하여 법적인 보호를 하고 있지만, 이와는 별개의 차원에서 한옥이 밀집돼 있고 생활 시설이 잘 갖추어진 곳을 한옥마을이라 부르고 있다.

역사성이 있는 민속마을과는 달리 한옥마을은 최근에 지어진 건물들이 많은데, 장소는 대부분 역사적 의미가 있는 곳이거나 사적지 근처에 조성되는 편이다. 가장 유명한 한옥마을인 전주 한옥마을은 풍남문과 경기전, 전주향교 인근에 조성돼 있고, 강릉 오죽 한옥마을, 공주 한옥마을, 경주 교촌 한옥마을 등은 모두 역사적인 자취들을 품고 있는 지역이다.

서울에는 근현대 시기의 모습을 그대로 간직한 북촌 한옥마을이 있고, 남산골 한옥마을처럼 오래된 한옥들을 인위적으로 모아 조성한 한옥마을도 있다.

북촌 한옥마을
서울 종로구 가회동, 삼청동, 계동 등 한옥 밀집지역. 조선시대에 조성된 양반 주거지였다.

12장

한식은 맛있다

우리나라 고유의 음식을 가리키는 한식韓食은 "한국에서 사용되어 온 식재료 또는 그와 유사한 식재료를 사용하여 한국 고유의 조리 방법 또는 그와 유사한 조리 방법을 이용하여 만들어진 음식"(한식진흥법)으로 규정돼 있다.

예로부터 농본국이었던 우리나라는 쌀을 제1의 상용 주곡으로 삼아왔지만, 북쪽 황해도와 평안도 지역은 기장과 팥을 섞어 쓰고, 남쪽의 경상도 지역에서는 보리를 많이 혼용했다. 일찍이 우리 영토였던 만주 일대는 콩의 원산지로 콩을 경작해 주변으로 전파시켰고, 이를 가공하는 기술을 개발해 각종 장류와 콩나물 등 콩 문화를 발달시켰다. 한반도를 둘러싼 삼면의 바다는 천혜의 어장으로, 동해의 오징어, 남해의 김, 서해의 소금 같은 보조 식품류들이 생산됐다. 사계절이 분명히 구분돼 식품의 산출이 다양했으며, 비철에 대비한 식품 저장법과 가공법이 개발돼 일 년 내내 계절에 따른 맛있는 한식을 먹을 수 있었다.

한편, 한반도를 세로로 나눈 태백산맥은 동서의 차이를 뚜렷하게 구분해 비슷한 위도에서도 서로 다른 풍토를 형성하게 되어 한식도 각 지방마다 특성 있는 향토음식으로 개발됐다. 역사적으로는 신분 계층에 따른 한식의 갈래가 생겨나 왕실의 궁중음식, 양반가의 반가음식, 사찰의 사찰음식, 그리고 서민들이 즐겨 먹었고 지금도 즐겨 먹고 있는 서민음식이 생겨났다.

한국인의 밥상

한식은 밥과 국, 그리고 김치와 장류를 기본으로 하고, 추가되는 반찬 수에 따라 3첩상·5첩상·7첩상·9첩상·12첩상 등으로 나누어 차렸다.

3첩상은 서민밥상, 5첩상은 중산층, 7첩상과 9첩상은 대갓집에서 먹는 밥상이고, 12첩상은 궁중에서의 상차림이다. 오늘날의 보통 밥상은 3첩상 또는 5첩상인데, 이 정도면 건강 유지에 필요한 5대 영양소를 충분히 갖춘 것으로 본다.

이러한 각종 밥상의 맛을 내는 데 가장 중요한 것은 간장과 고추장, 된장 등 장류의 맛이다. 장은 콩을 발효시켜 만든 조미료의 총칭으로, 모든 맛의 으뜸이요, 집안의 장맛이 좋지 않으면 비록 좋은 채소나 고기가 있어도 좋은 한식을 만들 수 없다고 했다. 한식의 특징으로 맵고 단맛을 거론하는데, 이는 모두 좋은 장맛에 기인한 것이다. 때문에 어떤 집이든 장독대는 극진히 간수하며 해가 뜨면 장독 뚜껑을 열어 놓고 해가 지기 전에 덮었다.

3첩반상

기본적인 밥, 국, 김치, 간장 외 세 가지 반찬을 내는 반상. 반찬으로 나물(생채나 숙채), 구이 혹은 조림, 마른 반찬이나 장과 또는 젓갈 중 한 가지를 택한다.

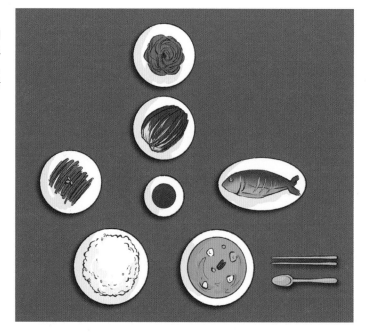

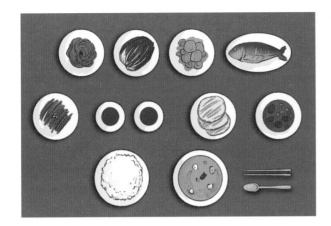

◀ 5첩반상

밥, 국, 김치, 간장, 찌개에 다섯 가지 반찬을 곁들인 반상. 반찬은 나물(생채나 숙채), 구이, 조림, 전, 마른 반찬·장·젓갈 중 한 가지를 택한다.

▶ 7첩반상

밥, 국, 김치, 장류, 조치 외 일곱 가지 반찬을 내는 반상. 생채, 숙채, 구이, 조림, 전, 마른 반찬이나 장아찌, 젓갈 중 한 가지와 회 또는 편육 중 한 가지를 택한다.

◀ 9첩반상

밥, 국, 김치, 간장, 초간장, 초고추장, 찌개, 찜에 아홉 가지 반찬의 반상. 반찬은 생채 두 그릇, 숙채 한 그릇, 조림, 구이 두 그릇, 마른 반찬, 전, 회를 냈다.

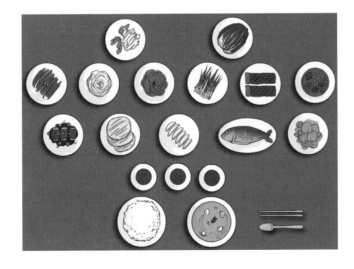

다양한 격식의 궁중 수라상

수라水剌는 궁중에서 임금에게 올리는 밥을 높여 이르는 말로, 고려 때 몽골에서 들어온 몽골 어로 보고 있다.

왕권사회에서 최고의 특권계급으로 군림한 임금의 식생활 양식 및 제도는 가장 다양하고 엄 격했다. 임금은 중간중간 간식을 들었기 때문에 아침과 저녁, 하루 두 차례 수라를 받았는데, 아침은 오전 10시경, 저녁은 오후 5시경에 왕비와 함께 같은 온돌방에서 각각의 수라상을 받아 들었다.

수라상은 12첩 반상 차림으로, 원반·곁반·책상반 등 세 개의 상이 들어오는데, 원반에는 흰 밥·탕·찌개·찜·전골·김치와 12가지 반찬류를 놓고, 곁반에는 팥밥·전골함·별식육회·별식수란 그리고 은 공기 세 개와 빈 사기 접시 세 개, 차관과 차주발을 놓는다. 책상반에는 찜·곰탕·더운 구이·젓국·찌개·전골·고추장찌개 등을 놓는다. 이 밖에 부수물로 냉수 주전자와 숭늉 주전자, 빈 접시 한 개, 고운 무명 수건을 준비해 놓았다.

수라상
궁중에서 왕과 왕비에게 올리는 밥상.
12첩 반상이 원칙이며, 12첩 이상이어도
상관없다. 계절에 따라 반찬 종류가 바뀐다.
제공_ 유남해

"임금이 수라를 젓수실 때"

우리의 전통적인 최고의 고급 음식은 왕과 왕비에게 올리는 수라상이었다. 수라상은 대원반·곁반·책상반 등 세 개의 상에 각각 다른 종류의 음식을 차리며, 이러한 기본 음식 외에 12가지 반찬이 올려지는 12첩 반상을 원칙으로 했다. 왕과 왕비가 수라상을 받고 식사를 하기 전 기미상궁이 음식에 이상이 없는지 미리 맛을 보며 식사 중에는 세 명의 궁녀가 책상반 위쪽에 일렬횡대로 앉아 지켜보았다.

수라상에서 신선로神仙爐는 구리나 놋쇠로 굽 높은 대접 비슷하게 만든 그릇을 말하지만 이 그릇으로 끓인 음식을 가리키기도 한다. 이 신선로는 열구자탕悅口子湯이라고도 하는데, 이는 "입을 즐겁게 하는 탕"이라는 뜻으로 그만큼 맛이 좋은 고급 음식이다. 신선로 가운데에는 숯불을 담는 통이 있고 통 둘레에 여러 가지 생선과 고기, 채소를 색을 맞추어 넣고 그 위에 석이버섯·호두·은행·황밤·실백·지단·실고추 들을 얹은 다음에 장국을 붓고 끓이면서 먹는다. 이처럼 신선로는 재료가 호화롭고 손이 많이 가는 고급 음식이어서 이를 상에 올리면 최고의 대접으로 여겼다.

또 구절판九折坂은 여덟 모가 나도록 만든 구절판찬합에 담아 먹는 우리나라 고유의 음식으로, 둘레의 여덟 칸에 각각 여덟 가지 음식을 담고 가운데 둥근 칸에는 밀전병을 담아 두어, 둘레의 음식을 골고루 전병에 싸서 먹는다.

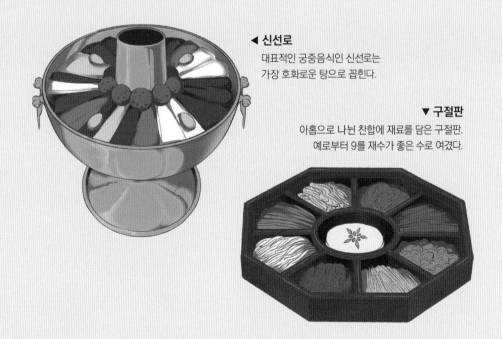

◀ 신선로
대표적인 궁중음식인 신선로는
가장 호화로운 탕으로 꼽힌다.

▼ 구절판
아홉으로 나뉜 찬합에 재료를 담은 구절판.
예로부터 9를 재수가 좋은 수로 여겼다.

전통 명절 음식들

명절날, 그날의 뜻과 계절에 맞는 음식을 만들어 먹는 '절식節食'이라는 전통이 오늘날까지 전해 오고 있다. 명절날은 음력 월별로 설정돼 있는데, 특히 설날·대보름·단오·추석 등에는 제례나 민속놀이 등의 행사와 함께 특별한 음식을 만들어 먹으며 이날을 뜻깊게 보냈다.

이 중 한 해가 시작되는 1월 1일 설날에는 떡국과 만둣국을 준비해 차례를 지내고 웃어른께 세배를 하고 음식을 먹었으며, 1월 15일인 대보름날에는 오곡밥과 묵은 나물을 먹고 귀가 밝아지라고 귀밝이술을 아침에 한 잔씩 마셨다. 이와 더불어 밤·호두·잣·은행 등 '부럼'을 껍데기째 깨물어 먹으면 일 년 내내 부스럼도 안 생기고 이가 단단해진다고 믿었다.

5월 5일 단오에는 '차륜병'이라는 수리취 잎을 섞어 만든 수레바퀴 모양의 단오떡을 해 먹었고, 햇곡식과 햇과일이 나는 풍성한 8월 15일 추석에는 햅쌀송편과 토란탕을 만들어 먹었다. 또 음력 10월은 가을 추수가 끝나는 무렵이므로 추수 감사의 뜻으로 팥고물과 멥쌀을 켜켜로 얹어 만든 고사떡으로 고사를 지냈다. 팥의 붉은색은 악귀를 쫓아낸다는 생각으로 떡의 재료로 썼는데, 이러한 관습은 동짓날로 이어져 찹쌀로 만든 새알심을 넣어 쑨 팥죽을 먼저 사당에 올려 동지차례를 지내고 대문이나 벽에 뿌려 악귀를 쫓아낸 다음 가족이 먹는 풍습이 자리 잡았다.

떡국

새해 첫날과 설날을 대표하는 한국 음식.
떡국을 먹으며 장수와 재물복을 바랐다.

◀ 오곡밥과 나물
한 해의 액운을 쫓고 행복과 안녕을 기원하
기 위해 먹었던 정월 대보름 음식이다.

▼ 화전
삼짇날 찹쌀가루를 반죽해 기름에
지져 먹는 떡. 계절에 따라 진달래, 장미,
국화 잎 등을 붙여 지졌다.

▼ 단오 떡
단옷날에 쌀가루와 수취리 등으로 만들어 먹는 떡.
수리떡, 수리취 절편, 차륜병이라고도 한다.

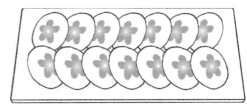

▶ 송편
멥쌀가루를 익반죽해 소를 넣고 빚은 떡.
추석을 대표하는 전통 음식으로,
햅쌀로 만든 송편을 올려 차례를 지냈다.

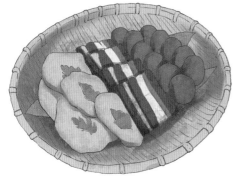

◀ 추석 음식들
송편, 각종 전, 토란탕, 햇과일 등을 먹었다.
천고마비의 계절에 맞게 다양한 음식을
풍성하게 차려냈다.

▶ 팥죽
팥의 붉은색이 사악한 것을 물리친다고 해서
무사 안일을 빌며 먹는 동지 음식.

발효와 숙성의 미학, 김치

김치는 세계적으로 유명한 대표적인 한식으로, 배추와 무, 오이 등의 채소를 소금에 절이고 고추·파·마늘·생강 등 여러 가지 양념을 버무려 만든 발효식품이다.

채소는 우리 몸에 필요한 영양소를 많이 가지고 있지만 곡물과 달리 저장하기가 매우 어려워, 본래의 맛을 지니면서 오래 저장해놓고 먹을 수 있는 방법을 연구한 결과 우리 고유의 김치가 개발된 것이다. 김치가 문헌상 처음 등장한 때는 고려 중엽인데, 여름철에 무장아찌와 겨울철에 소금에 절인 순무 김치를 먹었다는 내용이 있다.

김치 조리에서 가장 큰 변화를 보인 것은 고추의 수입이었다. 조선 중기 임진왜란을 계기로 고추가 들어온 후 18세기 중엽 김치에 고추를 가미한 사실이 확인된다. 그러나 지금 같은 양념이 가미된 속이 꽉 찬 배추김치가 등장한 것은 불과 백여 년 전의 일이며, 1988년 서울올림픽 대회를 계기로 김치가 한식을 대표하게 됐다.

우리나라 김치는 지방에 따라 특유한 맛을 지니는데, 추운 북쪽 지방에서는 고춧가루를 적게 쓰는 백김치와 보쌈김치, 동치미 등이 유명하며, 남부 호남 지방에서는 매운 김치, 영남 지방에서는 짠 김치가 특징이다. 젓갈로는 새우젓과 조기젓, 멸치젓 등을 주로 쓰는데, 지역별로 고춧가루의 양과 젓갈의 종류에 따라 그 특성이 다양하다.

배추김치

대표적 김장 김치이자 한식을 대표하는 전통 음식이다.
소금에 절인 배추에 무채, 고춧가루, 다진 마늘, 파,
젓갈 등을 넣은 속을 버무려 담근다.

◀ 깍두기
무를 네모나게 깍둑 썰어 소금에 절인 뒤 고춧가루 및
갖가지 양념에 버무려 만든 김치이다.

◀ 나박김치
배추와 무를 주재료로 담근 국물김치.
봄에 주로 먹고 제사상이나 설날 떡국
상에도 올렸다.

▶ 깻잎김치
깻잎을 소금물에 2~3일 정도 담가 삭힌 뒤 따로 만든
양념 소를 깻잎에 쌓아올려 담근 별미 김치이다.

▶ 갓김치
전라도 지방의 기본
밑반찬이 되는 김치로,
특유의 맛과 향기가 있다.

◀ 고추소박이
전라도 지방에서 절인 풋고추에 양념한 무채 소를 넣어 소박이로
담그거나 끝물의 고추를 삭혀서 담가 먹는 김치이다.

◀ 동치미
소금에 절인 통무에 끓여둔
소금물을 붓고 심심하게 담근 무김치.
주로 겨울에 담가 먹었다.

한식의 맛은 '발효'에서 나온다

세계적으로 발효 음식은 오랜 역사를 지니고 다양하게 발전해 왔지만, 한국의 발효법은 세균·효모·곰팡이 등 복합적인 미생물이 관여돼 복합균에 의한 자연발효라는 특징을 지니고 있다.

한국의 발효 음식은 우선 김치를 들 수 있지만, 메주를 재료로 만드는 장류와 생선이나 생선 알 등을 소금에 절여서 식혀 만든 젓갈류도 대표적이다.

대표적 장류인 간장은 자연 발효된 메주를 소금물에 담가 3~6개월 숙성시키면서 아미노산과 펩타이드와 함께 지방의 분해 산물까지 녹여 내는 과정으로 만든다. 된장은 간장을 빼고 난 덩어리에 메줏가루를 더 넣고 다시 3~6개월 숙성시켜 만들며, 청국장은 삶은 콩에 마른 짚을 꽂아 주고 40~45℃에서 사흘 정도 발효시켜 만든다. 고추장은 보통 콩과 쌀을 6:4 정도로 혼합해 고추장 메주를 따로 만들고 2~3개월 띄운 후 이 메주를 가루로 내고 고춧가루와 식혜 국물을 혼합해 발효시켜 만든다.

한편, 젓갈은 수산물 발효로 만들어지며 한식에서 중요한 밑반찬 역할을 한다. 생선의 어육과 내장은 물론 오징어와 조개, 새우 등 다양한 원재료를 저온에서 발효시켜 만드는데, 소금만 첨가하는 방법이 있고, 간장이나 고춧가루를 넣어 색다른 맛을 내기도 한다. 젓갈은 김치의 부재료로, 혹은 국을 끓일 때 간을 맞추는 용도로도 쓰인다. 특히 곡류를 넣어 은은한 단맛이 어우러지는 가자미식해와 황태식해 등은 별미이다.

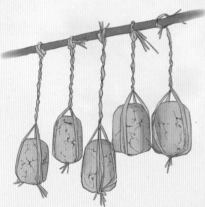

◀ 메주
장을 만드는 기본 재료. 익힌 콩, 보리, 밀, 쌀 등을 띄워 만들었다. 메주를 소금물에 숙성시켜 건더기는 된장, 즙액은 간장으로 이용했다.

▼ 장독
간장, 된장, 고추장 따위를 담아두거나 담그는 독. 신선한 산소가 투과하면서 발효 작용을 돕고 음식의 신선도를 오래 유지시킨다. 우리나라 전통 발효 식품에서 빼놓을 수 없는 용기이다.

▲ 간장
음식의 간을 맞추는 기본양념이다. 콩
으로 메주를 쑤어 소금물에 담가 그 즙
액을 달여 만든다.

▲ 된장
메주를 담가 장물을 떠내고 남은 건더
기에 소금을 뿌리고 다시 숙성시키면
된장이 된다. 간장과 함께 간을 맞추고
맛을 내는 기본 조미식품이다.

▲ 고추장
메줏가루에 질게 지은 밥이나 떡가루를
버무리고 고춧가루와 소금을 섞어 만든
다. 고추가 16세기 말 우리나라에 들어
와 상고시대부터 먹어온 간장, 된장보
다는 개발이 늦다.

◀ 가자미식해
가자미에 익힌 곡류, 소금, 고춧가루 등을 넣어 삭힌 음식.
함경도 지역 향토음식으로 알려지는데, 강원도와 경상도
에서도 즐겨 먹는다.

▶ 낙지젓갈
낙지를 소금에 절여 담근 젓갈. 삼면이 바다에 접한 우리나라는
어패류에 소금을 넣어 숙성시킨 젓갈이 발달했다.

▶ 오징어젓갈
오징어를 소금에 절여 담근 젓갈.
강원도와 경상도에서 즐겨 먹었다.

◀ 명란젓갈
명태 알을 소금에 절여 삭힌 젓갈.
조선 말 명태가 많이 잡히기
시작하면서부터 먹었다.

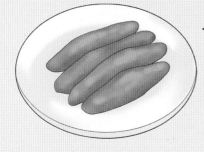

▲ 새우젓갈
새우를 소금에 절여 만든 새우젓은
주로 김치 양념으로 쓴다. 조선시대 새우가
많이 잡혀 전국적으로 담가 먹었다.

재래 부엌의 다양한 얼굴

부엌은 솥을 걸고 불을 때어 음식물을 만들 수 있도록 설치된 공간으로 '불+옆'의 어원을 지니고 있다. 우리나라 부엌은 음식물을 만들고 저장하는 시설 외에도 방의 온도를 조절해 주는 기능도 가진 특이한 공간이다.

부엌의 시원은 선사시대까지 거슬러 올라갈 수 있는데, 당시 동굴 주거지에서 불을 땐 자리가 발견되고 불을 간직하고 활용한 화덕도 발견되고 있다. 뒤이어 고구려 안악 3호분 벽화에 부엌 그림이 보이고, 실제로 겨울에 구들을 만들어 따뜻하게 지낸다는 중국 측 기록도 있어 추운 지방에서는 일찍부터 부엌 시설이 있었음을 알 수 있다.

우리나라 주거에서 부엌은 다른 공간에 비해 넓은 면적을 차지하는데, 이는 농경을 위주로 한 생활양식에서 비롯된 것이다. 땔감과 부식류, 식수용 물독 등을 부엌에 두면서 공간을 많이 차지했다. 부뚜막 좌우에는 선반을 매달거나 찬탁을 놓아 소반과 식기류를 보관하고 반찬류가 상하지 않게 저장해 두었다. 또한 안방과 직접 통하는 작은 문이 있어 음식물을 빨리 들일 수 있을 뿐 아니라 안주인이 부엌에서 일하는 아랫사람들을 감시하는 용도로도 쓰였다.

고구려 고분벽화 안악3호분
황해도 안악군에서 발견된 이 벽화에는 당시 귀족 저택의 안채 생활이 잘 드러난다.
부엌에서 시녀들이 아궁이에 불을 지펴 음식을 하고 상을 차리는 모습.

◀ 국자
국이나 액체 따위를 뜨는 데 쓰는 기구.
옴폭 들어간 바닥에 긴 자루가 달렸다.

◀ 주걱
밥을 푸는 도구. 숟가락과 모양이
비슷하나 더 크다.

◀ 종지
간장, 고추장 따위를 담아서
상에 놓는 작은 그릇.

▶ 양푼
음식을 담거나 데우는 데 쓰는 놋그릇.
높이가 낮고 아가리가 넓고 전체적으로 크다.

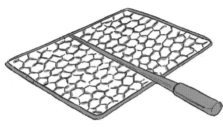

◀ 석쇠
고기나 굳은 떡 따위를 굽는 기구. 네모
지거나 둥근 쇠 테두리에 구리 선 따위를
그물처럼 잘게 엮어 만든다.

▼ 가마솥
아주 크고 우묵한 솥.

▼ 쟁개비
무쇠나 양은 따위로 만든
작은 냄비.

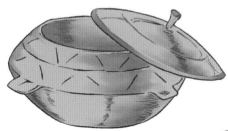

▶ 삼발이
불 위에 석쇠나 그릇을
올려놓는 기구.

▼ 밥소라
밥·떡국·국수 따위를 담는 큰 놋그릇.
뚜껑 없이 위가 조금 벌쭉하며 굽이 높다.

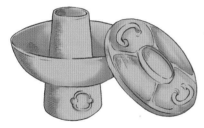

◀ 신선로
상 위에 놓고 음식을 끓이는 그릇. 구리·
놋쇠 따위로 굽 높은 대접 비슷하게 만
든 것인데, 가운데에 숯불을 담는 통이
있고 통 둘레에 여러 가지 음식을 담아
서 끓인다.

13장

맵시를 입는 옷, 한복

우리나라 고유의 옷 한복韓服은 특히 조선시대에 입던 형태의 옷을 이른다. 현재는 평상복보다는 주로 격식을 차리는 자리나 명절, 혼인식 같은 경사, 상례나 제례 때 주로 입는다. 남자는 통이 허리까지 오는 저고리에 통 넓은 바지를 입고 아래쪽을 대님으로 묶으며, 여자는 짧은 저고리에 여러 가지 치마를 입는다. 발에는 남녀 모두 버선 또는 흰 양말을 신고, 출입을 할 때나 예식 참례 때는 두루마기를 입는다.

1,600여 년간 이어진 고유 한복의 시원은 고구려 고분벽화에서 볼 수 있으며, 백제와 신라의 유물에서도 확인할 수 있다. 삼국시대 바지의 기본형은 바지통이 좁고 발목에서 대님을 맨 것이었으며, 치마는 밑단까지 주름이 잡힌 주름치마와 여러 쪽을 이은 치마와 색동치마를 입었다. 이후 통일신라와 고려, 조선 초기까지는 일반 백성들이 계속해서 이와 같은 형식의 옷을 입었으며, 조선 중기 이후부터 오늘날의 한복과 같은 양식이 정형화됐다.

한복, 특히 여성 한복은 세계적으로 그 아름다움을 인정받는데, 직선과 곡선이 어우러져 화려하고도 단아한 자태를 풍기는 치마와 저고리는 우리 고유의 전통미를 한껏 자랑한다. 이러한 한복은 전통미 외에도 나름의 장점을 많이 지니고 있다. 몸을 넉넉하게 감싸주는 풍성함이 체형의 결점을 가려주며, 바지와 치마저고리가 납작하게 접혀 보관하기도 좋다. 반면 착용하기 복잡하고 실용적이지 못해 평상복으로는 잘 입지 않고 예복의 개념이 되고 있다는 단점도 있다. 이를 보완하는 차원에서 개량 한복이라는 것도 나오고 있으나 한복 고유의 아름다움을 나타내지는 못하고 있다.

용과 꿩을 새긴 왕가의 옷

곤룡포袞龍袍는 임금이 집무 시 입던 정복으로 붉은빛이나 누런빛의 비단으로 지었으며, 가슴·등·어깨에는 용무늬를 수놓았다. 우리가 '임금의 옷' 하면 떠올리는 것이 바로 곤룡포이다.

우리나라에서 곤룡포를 처음 입기 시작한 것은 조선 세종 때인데, 중국 명나라에서 보내온 것을 입었고, 1644년(인조 22년) 명나라 멸망 후에는 우리 고유의 문화와 환경 속에서 우리 것의 곤룡포를 만들어 입었다. 이때까지는 색상이 붉은빛이었다가 1897년 고종이 황제에 오르면서 누런빛의 곤룡포를 입었다. 곤룡포는 우리 고유의 바지저고리 위에 입었으며, 조각한 옥 허리띠와 검은색 신을 착용했다. 왕세자와 왕세손도 곤룡포를 입었는데, 색깔은 검은빛이었고 무늬도 임금의 그것에 비해 간략했다.

왕비는 왕의 신분에 준하기 때문에 왕비가 입는 옷은 제도적으로 정해졌다. 우리나라에서는 삼국시대를 전후해 국가의 제도가 정비되고 의관 제도도 정해졌으므로, 왕비복도 그 당시부터 입혀진 것으로 추측되나 왕비의 예복으로 널리 사용된 적의翟衣는 고려시대에 제정된 것으로 본다.

적의는 나라에 중요한 의식이 있을 때 왕비가 입던 예복으로, 조선시대에는 적의 외에 노의露衣와 당의唐衣, 원삼圓衫 등을 입었다. 순정효황후(1894~1966)가 입었던 적의가 현재까지 전하는데, 남색 비단 바탕에 오색 꿩 무늬를 수놓아 만들어졌다. 이러한 왕비복은 일반 의복과 마찬가지로 시대에 따라 세부 형태가 변해 오는데, 그 유행은 왕비복이 다소 앞선 것으로 보인다.

흉배

조선시대 왕족과 문무백관 관복의 가슴과 등에 덧붙이던 장식 표장. 특히 왕족의 흉배는 보補라고 했는데, 왕과 왕세자는 용무늬를 수놓은 원형 보를 가슴, 등, 양어깨에 붙였다. 왕과 왕비는 발톱이 다섯 개인 오조룡五爪龍을 사용했다.

◀ 곤룡포

임금이 집무 시 입는 정복. 용포龍袍 또는 어곤
御袞이라고도 한다. 곤룡포에 익선관翼善冠을
쓰고 옥대玉帶를 두르고 화靴를 신었다.

▶ 당의

왕비가 평상시 차려 입는 정복이다. 연간 계속 입는
옷이지만 계절에 따라 색깔과 옷감을 달리했다.

◀ 면복

조선시대에 나라의 중요한 의식이 있을 때 입
던 대례복大禮服이자 제복祭服으로, 면류관
과 함께 착용했다.

▶ 적의

조선시대 왕비의 대례복. 현재는
대한제국 시기에 입었던 심청색 적의가 전한다.
길상을 상징하는 꿩을 수놓았다.

신하의 예를 갖춘 옷, 관복

관복官服은 벼슬아치들이 입던 정복으로 관에서 지급한 제복을 말한다. 관복의 역사는 삼국시대까지 거슬러 올라가며 관복의 색이나 관모의 장식으로 품계를 구분했다.

관복은 우리 고유의 것보다는 중국의 영향을 많이 받았다. 648년(진덕 2년) 김춘추가 당나라에 다녀온 이후 옷과 띠 등 관복 일습에 변화를 가져왔으며, 고려와 조선시대를 거치면서 조복朝服·제복祭服·공복公服·상복常服·융복戎服·군복軍服 등으로 세분됐다.

관복 착용 시에는 관모와 허리띠, 신발 등을 품계에 따라 착용했으며, 당상관과 당하관, 하급 관리 등의 품계에 따라 깃의 모양이나 흉배의 형식 등에도 구분을 두어 입게 했다. 그러나 갑오경장 이후에는 관복의 간소화가 이루어져 넓은 소매의 옷을 좁게 만들었고, 간단한 두루마기를 입게 했으며, 무관의 구군복도 서양식 군복으로 바뀌고 외교관 복식도 서양화됐다.

흉배

관복의 흉배는 문양에 따라 상하 계급을 나타냈다. 대사헌은 해치, 문관은 품계에 따라 공작·운학·백한을, 무관은 호랑이와 웅비 문양을 달았다.

▶ **앵삼**
조선시대 유생이 생원이나
진사에 합격하거나 과거에
새로 급제한 사람이 착용
하던 예복.

◀ **조복**
조선시대 문무백관이 입던 관복. 나라
의 대사나 경사가 있을 때, 조칙을 반
포할 때 입었다. 금관을 함께 쓰기 때
문에 '금관 조복'이라고도 한다. 조복
등 관복 제도는 『경국대전經國大典』
에 전한다.

〈조복 입는 순서〉
먼저 중단을 입고 적초상을
두르고 그 위에 적초의를 입
었으며, 허리에 대대를 두르
고 후수와 폐슬, 패옥을 찼다.
품계에 따라 혁대를 하고 손
에 홀을 들고 발에 말과 혜를
신었다.

사대부의 예의는 두루마기에서부터

한복의 역사가 오래이지만, 오늘날과 같은 전형적인 제도가 확립된 때는 왕복과 백관복을 제외하고는 조선시대부터이다. 남자의 평상 한복도 마찬가지로 이때부터 정형화되기 시작해 현재까지 이르고 있는데, 그 중심은 바지와 저고리이다.

바지는 삼국시대에는 기본적으로 통이 좁고 발목에 대님을 매도록 했으나 넓은 바지와 짧은 바지도 함께 입었다. 이후 모양이 조금씩 변천되면서 현재의 바지는 허리·마루폭·큰사폭·작은 사폭으로 구성된다. 바지를 입을 때는 버선이나 흰 양말을 먼저 신고, 바지를 배 위로 올려서 허리띠를 묶어 고정하고, 바지 끝이 나풀거리지 않게 발목에 대님을 매어 고정시킨다.

저고리는 동정·깃·길·부리·배래·고름·섶·도련 등으로 구성되는데, 입을 때는 동정이 항상 목을 감싸도록 하고 뒷목부터 겨드랑이 선이 일직선이 되도록 정리한다. 실내에서는 저고리 위에 마고자를 입고 실외에서는 조끼를 입는데, 이때 저고리가 밖으로 빠지지 않도록 유의해야 한다.

마고자와 조끼는 개화기 때 생긴 옷으로 현재 우리 한복으로 인식되고 있는데, 한복에는 주머니가 없기 때문에 주머니 달린 조끼가 급속히 보급됐다. 출입을 할 때나 예식 참례 때는 두루마기를 입는다.

심의

유학자나 높은 선비들이 입던 겉옷. 주희가 『가례家禮』에서 유학자의 법복으로 심의를 추거했기 때문이다. 백색 천으로 만들고 깃과 소맷부리 등 옷 가장자리에 검은 비단으로 선을 둘렀다. 예복으로도 입었다.

▶ **도포**

사대부 남자들이 평상시 입던 겉옷. 조선 중기부터 입기
시작했으며, 정조 때는 유생들의 제복으로도 사용했다.

◀ **방건**

사대부들이 평상시 착용한
사각 건. 집안에서 맨상투
차림을 피하기 위해
사용했다.

▶ **유건**

유생들이 쓰던 실내용 건.
성균관 안이나 집안에서만 썼다.
검은색 모시로 만들었다.

▶ **남자의 평복**

저고리와 바지가 기본
이다. 바지 위에 허리띠와
대님을 맸다. 조끼나 마고자,
두루마기를 겉옷으로 입었다.

조끼

저고리 위에 덧입어 저고리
입은 매무새를 가다듬어 주
었다. 주머니가 있어 소지품
간수도 편리하다.

마고자

저고리 위에 입는 덧옷으로 원래는 만
주족의 옷이었다. 개화기부터 입었으
며, 모양은 저고리와 비슷하지만 깃과
동정이 없다.

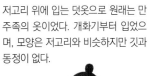

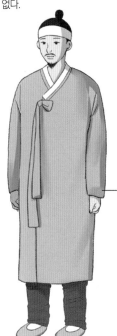

두루마기

외출 시 가장 위에 입는
겉옷. '막혀있다'는 뜻의
'두루막이'에서 유래한
명칭이다. 사대부는 집에
서도 두루마기나 창의 입
는 것을 예의로 삼았다.

기능에 멋을 더하다, 관모

벼슬아치들이 쓰던 관모冠帽는 머리를 보호하고 장식하기 위한 쓰개의 총칭으로, 한복과 어울리게 쓰면서 그 기능과 함께 신분적 차이도 나타내는 등 중요한 역할을 했다.

관모는 형태상으로 보아 크게 이마에 두르는 부분 위에서 뒤로 연결되는 다리가 있는 관冠, 머리 전체를 싸는 모帽, 차양이 있는 입笠(갓), 한 조각의 천으로 싸는 가장 간단한 형태의 건巾이 있다.

기록에 보이는 최초의 관모는 고구려 때 것으로, 당시는 고깔 모양을 썼다고 한다. 고대에는 관모에 새 깃이나 금은 등으로 장식한 것이 애용됐음을 고분벽화나 문헌을 통해 알 수 있다. 고려시대에는 무늬가 있는 비단으로 만들어 썼는데, 계급에 따라 색을 달리했으며, 알상투 차림을 싫어하여 죄인을 빼고는 모두 관모를 썼다.

조선시대에 와서는 엄격한 신분제에 따라 각종 형태의 관모가 나왔는데, 임금이 곤룡포를 입고 집무할 때 쓰던 익선관翼善冠은 왕의 위엄을 상징했다. 또 이때 우리나라 대표적 관모인 갓의 원형이 만들어져 애용됐으며, 조선 말 개화기 이후에는 중절모나 맥고모, 파나마모자가 유행했다.

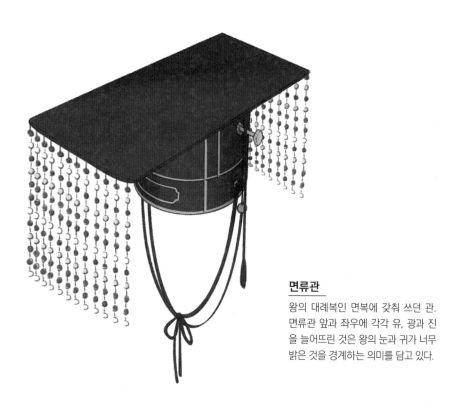

면류관
왕의 대례복인 면복에 갖춰 쓰던 관. 면류관 앞과 좌우에 각각 유, 광과 진을 늘어뜨린 것은 왕의 눈과 귀가 너무 밝은 것을 경계하는 의미를 담고 있다.

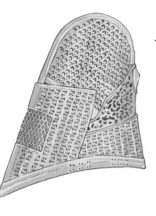

◀ **금관모**

신라 금관총에서 출토된 고깔 모양의 관모.
국보 제88호이다. 각종 무늬가 투각된 금판
들을 금실로 엮어 만들었다.

▶ **익선관**

조선시대 왕과 왕세자가 곤룡포에 쓰던 관.
모체가 2단으로 나뉘어 뒤쪽이 앞쪽보다
높고, 뒤에는 매미 날개 모양의
소각 2개가 달려있다.

◀ **금관**

조선시대 문무백관이 조복에 착용하던 관모. 둘레의
당초모양문唐草模樣文 부분과 관을 가로지르는 목
잠 부분에 금가루를 칠해, 금관이라 칭하게 됐다.

▲ **갓**

조선시대 성인 남자가 쓰던 관모. 머리를 덮는 모자에 차양
부분인 양태가 이어져 있다. '섬세하고 미려한 형태로 우리
고유의 멋을 가장 잘 나타내는 의관'이라 평가받는다.

◀ **탕건**

상투 튼 머리가 흘러내리지 않게 두르는 망건의 덮개.
갓 아래 받쳐 썼으며 관직자만이 사용할 수 있었다.

옛 여인들의 넉넉한 옷차림, 치마저고리

여자의 한복도 남자의 그것과 마찬가지로 오늘날과 같은 전형적인 제도가 확립된 때는 왕비복과 고위층 부녀복을 제외하고는 조선시대부터이며, 그 중심은 치마와 저고리이다.

치마는 허리부터 다리 부분까지 하나로 이어져 가랑이가 없는 아랫도리인데, 통일신라 때부터는 주름치마와 색동치마 등으로 다양해졌으며, 조선 중기까지는 치마를 부풀리기 위해 속에 속속곳·바지·단속곳을 입어 항아리형을 만들기도 했다.

저고리는 동정·깃·화장·끝동·배래·고름·동·곁막음·길·겉섶·안섶·배래 등으로 구성되고, 솜을 넣은 핫저고리와 넣지 않은 겹저고리가 있다. 추울 때 저고리 위에 덧입는 배자는 개화기 이후에 들어온 것이다.

조선 중기 이후에는 유교적인 가부장 제도가 강화되면서 여자들이 마음껏 외출을 할 수 없고, 외출을 하더라도 얼굴을 가려야 했기 때문에 장옷과 쓰개치마를 입었다. 조선 여인들은 주로 집안에서만 생활하면서 자신의 몸을 가꾸기 위해 머리치장과 쓰개, 화장구와 장신구에 많은 관심을 가질 수밖에 없었다.

여자의 평복

여러 개의 속옷을 입고 저고리와 치마를 입었다. 짧은 저고리와 길고 넉넉한 치마가 대조를 이룬다.

◀ 노리개

저고리 고름이나 치마허리에 차는 장신구. 단조로운 의상을 섬세하게 꾸며 주는 기능을 한다.

▼ 비녀

혼인한 여성이 머리를 쪽 찔 때 머리카락을 고정하는 장식품.

▼ 저고리의 세부 명칭

깃

동정

배래

섶

도련

곁마기

끝동/거들지

고름

▼ 속적삼
저고리 속에 입는 홑옷.
동정과 고름은 달지 않는다.

◀ 바지
아랫도리에 입는 옷.
바지를 입고 속곳을 입었다.

◀ 속곳
치마 바로 밑에 입던 속옷.
오늘날의 속치마 구실을 했다.

▶ 활옷
공주와 옹주의 대례복으로
입었으나, 서민은 혼례에 한해
착용할 수 있었다.

◀ 쓰개치마
양반층 여성이 외출할 때 얼굴
을 가리기 위해 썼다. 옥색 옥
양목이나 명주로 만들었다.

▲ 당의
조선시대 여자들이 입
던 예복. 저고리 위에 덧
입었다. 소매가 넓고 옷
자락이 길며 겨드랑이
가 터져 있다. 궁중에서
는 평상복으로 입었다.

동심을 키우는 어린이 색동옷

옷소매의 동을 여러 가지 빛깔의 천으로 연결하여 만든 예쁜 옷을 색동옷이라 하며, 주로 돌부터 6, 7세의 어린아이가 입는 옷을 말한다.

고려시대부터 생겨난 색동옷은 여인들이 비단 조각을 버리지 않고 모아두었다가 이어서 만든 데서 유래했다고 하지만, 고구려 수산리 벽화의 귀부인이 입고 있는 치마가 주름마다 다른 색으로 표현돼 있어 색동옷을 연상시킨다.

색동옷은 청색·백색·적색·흑색·황색의 오방색을 중심으로 연결하되 때에 따라서 한두 가지 색을 더 넣거나 빼기도 한다. 이 색동옷의 배색은 상생을 택하고 상극을 피하면서 오행의 순환을 통해 서로 살아나기를 바라는 이치를 따른 것이다. 저고리가 주류를 이루지만 어른들의 마고자나 두루마기로도 만들어 입었으며, 특히 어린아이들이 까치설날 즉 섣달그믐날 즐겨 입는다고 해서 '까치저고리'라는 별명도 붙여졌다.

색동저고리

축일이나 명절 등에 어린이가 입는 저고리. 색동은 저고리 소매나 섶에 나타냈으며,
주로 오방색을 썼다.

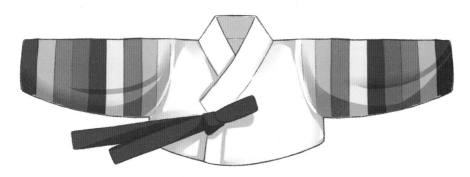

▶ 타래버선
돌 전후 아이가 신는 누비버선.
코에 색실로 술을 단다.
제공_ 한국자수박물관

한복의 끝 맵시, 당혜와 태사혜

신발은 땅을 딛고 서거나 걸을 때 발에 신는 물건을 통틀어 이르는 말이다. 처음에는 가죽·짚·삼·헝겊·나무 등으로 만들었으며, 근대에 들어와 가죽과 고무, 비닐을 이용해서 만들고 있다.

삼국시대의 고분벽화나 역사서에서 신발 착용한 것을 보면 날씨가 추운 북방에서는 목이 긴 신발을 신었고, 비교적 따뜻한 남쪽 지방에서는 높이가 낮은 신발을 만들어 한복과 함께 신었다.

신발은 조선시대에 들어와 종류와 명칭이 다양해지면서 남자와 여자의 신발도 여러 가지 형태의 것이 나왔다. 남자들은 목이 길고 검은 가죽신을 입궐할 때나 제사를 지낼 때 신었고, 상류 계층 노인들이 신던 발막신, 헝겊과 가죽으로 만든 마른신, 짚으로 만든 짚신 등이 있었다. 여성 신발로는 비단으로 겉을 장식한 가죽신인 당혜, 가죽에 기름을 먹여 만들고 바닥에 징을 박아 상류층 부녀들이 주로 신던 징신, 삼으로 곱게 만든 미투리, 나무로 만든 나막신 등이 있었다.

태사혜
사대부 양반계층이 신던 신발. 비단이나 가죽 신울에 밀랍을 칠한 굵은 실로 밑둘레를 꿰맸으며, 코와 뒤꿈치에 흰 줄무늬를 새겼다. 남성의 신발 중 가장 화려했다.

당혜
조선시대 양갓집 부녀자가 신던 가죽신. 코와 뒤꿈치에 당초문을 새겼으며, 안은 푹신한 감을 대고 겉은 비단으로 가죽을 싸서 만들었다.

14장

흥이 있는
우리 민속놀이

민속은 서민들 사이에서 민간 생활과 결부돼 이어져 내려오는 신앙·습관·풍속·전설 따위의 기층문화를 뜻하는 말이다.

우리에게는 예로부터 전해 오는 민속이 많았고 이와 함께 독특한 민속놀이가 생겨서, 어린아이들은 팽이치기·공기놀이·제기차기·딱지치기·돌치기·고누·땅재먹기 등을 하며 놀았다. 어른들은 세시놀이라 하여 명절이나 특정한 시기에 민속놀이를 하며 즐겼는데, 음력 정초의 연날리기·윷놀이·널뛰기·쥐불놀이, 정월대보름의 줄다리기·고싸움·차전놀이·놋다리밟기, 3월의 화전놀이, 4월 초파일의 연등놀이, 5월 단오의 격구·씨름·그네뛰기, 8월 추석의 소싸움·거북놀이·강강술래·길쌈놀이 등이 그것이다.

그러나 시간이 흐르면서 점점 사라져가거나 아주 사라져 버린 놀이들이 많은데, 어린이들의 옛 놀이들은 새로운 놀이에 밀려 거의 사라진 상태이고, 정월대보름날 논두렁에 불을 놓던 쥐불놀이는 화재 위험 때문에 사라졌으며, 단오 때 창포물에 머리 감는 행사도 지금은 거의 볼 수 없는 풍습이 되었다.

현재 정리된 우리나라 민속놀이는 120가지 정도가 있는데, 대부분이 설과 정월 대보름·단오·추석 등 4대 명절에 집중돼 있다.

계절의 변화를 담은 풍속, 24절기

24절기는 일 년의 계절을 세분한 것으로, 대략 15일을 간격으로 나타낸 달력이라 할 수 있다. 춘하추동의 계절은 일 년을 주기로 끝없이 순환하고 있는데, 이것을 다시 구분하면 크게는 일 년을 4로 나누어 3개월을 1계季로 하고, 작게는 5일을 1기氣로 하고 3기氣를 모아 1절節로 불렀 다. 여기서 계절季節, 절기節氣란 용어가 생겼다.

우리나라는 예로부터 음력을 이용해 날짜를 세어 왔는데, 이는 음력이 15일을 주기로 어김 없이 변화하기 때문에 농경 생활에 적합했기 때문이다. 24절기의 배치는 봄·여름·가을·겨울의 사계절로 나누고, 각 계절을 다시 6등분하여 양력 기준으로 1개월에 2개의 절기를 배치하도록 구성돼 있다. 그 명칭은 봄의 입춘·우수·경칩·춘분·청명·곡우, 여름의 입하·소만·망종·하지·소 서·대서, 가을의 입추·처서·백로·추분·한로·상강, 겨울의 입동·소설·대설·동지·소한·대한이다.

이 24절기는 계절의 표준으로 일상생활에 지침을 줄 뿐 아니라 그때마다 나름대로의 민속 이 생겨났다. 입춘에 한 해의 행운과 건강을 기원하는 글귀를 대문이나 기둥에 붙이는 입춘첩 이라든지, 동지에 악귀를 물리친다는 뜻으로 팥죽을 쑤어 조상을 모신 사당에 올리고 대문이 나 기둥에 뿌리는 등의 풍속이 생겨 지금까지 우리 고유의 민속으로 내려오고 있다.

24절기

계절 구분을 위해 태양년을 24등분 한 기후 표준점.
춘분점을 기점으로 황도상의 태양 위치를
15° 간격으로 24절기를 구분했다.

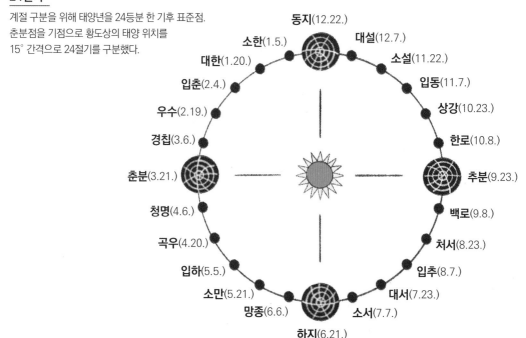

한 해의 첫날, 설날 맞이

설날은 묵은 해를 떨쳐버리고 새로 맞이하는 한 해의 첫날이며 첫머리다. 그래서 '설'이라는 말은 "낯설다"라는 말에서 나왔다고도 한다. 한 해가 시작되는 날인 만큼 경건하고 정결하게 보내도록 노력하며, 조상과 웃어른들에 대한 고마움을 지니고 한 해의 안녕을 기원했다.

설날이 되면 객지에 살던 사람들이 고향으로 모여들어, 설날에 입으려고 새로 마련해 둔 설빔을 입고 조상에게 차례를 지내고 어른들께 세배를 올리고 함께 떡국을 먹는다. 설날의 세배는 새로운 시간을 맞이한 사람들의 의례적인 행위이며, 조상에게 새로운 시간을 맞이했음을 알리는 의례이기도 하다. 집안에서의 행사가 끝나면 조상의 묘를 찾아 살피고 인사를 드리는 성묘를 한다.

세배나 성묘가 끝나면 어른들은 윷놀이나 널뛰기 등을 하고 아이들은 연날리기 등을 하면서 하루를 즐겁게 보낸다.

널뛰기
설날, 긴 널빤지 양 끝에 한 사람씩 올라서서 마주
보고 번갈아 뛰면서 즐기는 성인 여자 놀이.

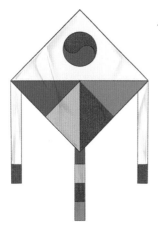

◀ 연
종이에 댓가지를 붙여 실을
맨 다음 공중에 날리는 장난
감. 『삼국사기』에 연을 날린
기록이 처음 나온다. 만든 모
양이나 빛깔, 만든 지역에 따
라 종류가 다양하다.

▲ 얼레
실을 감아 연을 날리는 기구.
나무오리로 네 기둥을 맞추고
자루를 박아 실을 감는다.

▶ 나비연
방패연의 한 종류. 연 윗부분에 태극
모양, 아래 부분에 나비를 그린 태극
나비연이다. 바탕에 그리거나 붙인
동물에 따라 이름이 달라진다.

◀ 쌍륙놀이
주사위를 굴린 만큼 쌍륙판 위에 말을 전진시켜
겨루는 놀이. 정초에 많이 놀았으며, 특히 바깥
출입이 쉽지 않은 상류층 부인들이 즐겼다.

▶ 윷놀이
4개의 윷가락을 던지고 그 결과에 따라
말을 움직이며 승부를 겨루는 민속놀이.
정월 초하루부터 대보름까지 즐겼다.

날아라, 우리 연

연鳶은 종이에 댓가지를 가로세로로 붙여 실을 맨 다음 바람을 이용해 공중에 높이 날리는 민속놀이 기구로, 주로 어린이들이 많이 날리지만 어른들도 함께 놀 수 있는 놀이다. 대표적인 겨울철 민속놀이로, 주로 설날부터 대보름까지 즐겼으며 그 이후로는 그 해 농사 준비를 위해 연을 끊어 날려보냈다고 한다.

연은 대나무와 창호지를 이용해서 만드는데, 먼저 마름질을 하고 종이에 그림을 그려 넣으며 거기에 대나무살을 붙이고, 마지막으로 연줄을 맨다. 연줄은 얼레라는 실 감는 기구에 연결하여 하늘 높이 날린다. 얼레는 그 모양에 따라 네모얼레·육모얼레·팔모얼레·납작얼레 등이 있는데, 주로 네모얼레를 사용한다.

연은 형상과 용도에 따라 종류가 다양하여 하늘에 올라 멋과 아름다움을 자랑하는데, 단순한 형태의 가오리연·관연·봉황연·용연·액막이연·원앙연·나비연·문자연·방상시연·까치연·치마연·허리동이연·귀머리연·검정꼭지연 등이 있고, 학연·처마연·용마연·장군연 등과 같은 새나 인물의 형상을 입체적으로 만들어 날리는 고급스런 연도 있다.

방패연 만들기

방패연은 우리나라의 대표적인 연으로, 참연이라고도 한다. 가운데 구멍이 뚫려 있어 견고함과 유연성이 뛰어나다. 좌우로 방향을 바꿀 수 있어 연싸움에 많이 사용했다. 방패연을 만드는 방법은 아래와 같다.

❶ 물을 축인 창호지나 백지를 다림질해 종이를 질기게 만들고 한가운데 바람 구멍을 낸다.

❷ 댓가지를 얇게 다듬어 뼈대를 만들고 머릿살, 허릿살, 장살 순으로 풀칠한다. 머릿살은 튼실하고, 허릿살은 가늘고, 대각선을 긋는 장살은 중간 크기 댓가지가 좋다.

❸ 머릿살과 장살 끝이 휘어지도록 활벌이줄을 매고, 윗줄과 가운뎃줄, 아랫줄을 맨 다음 하나로 묶어 연줄에 연결한다. 연줄은 명주실이나 무명실을 사용하며, 풀물에 사기나 유리 가루를 타서 바른다.

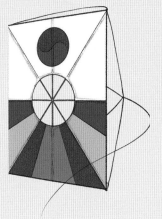

달 보며 소원 비는 대보름

대보름은 음력 정월 보름날을 이르는 말로, 정월 대보름 또는 대보름날이라고도 한다. 정월 보름날 달빛은 어둠·질병·액운을 물리치는 밝음을 상징했으며, 농경사회였던 우리나라에서는 이 날을 농사의 시발점이라는 믿음에서 더욱 소중히 여겼다.

대보름은 설날 이후 처음 맞는 보름날이라 해서 푸짐한 음식을 차려 함께 먹으며 각종 민속놀이를 즐겼는데, 보통 하루 전인 정월 열나흘 날과 대보름 이튿날인 정월 열엿새까지 포함해 다양한 의례와 행사, 놀이를 행했다.

대보름 전날 잠을 자면 눈썹이 하얗게 센다며 잠을 참고 날을 새웠으며, 아침이 되면 귀가 밝아지라고 귀밝이술을 한 잔씩 마시고, 부스럼이 안 생기고 이가 단단해지라고 부럼이라 하여 밤·호두·잣·은행 등을 껍데기째 깨물어 먹었다. 아침밥은 풍년을 기원하며 찹쌀에 기장·수수·검은콩·붉은팥을 섞어 오곡밥을 짓고, 제철 생선과 김, 취나물을 먹으며 한 해의 건강과 소원을 빌었다. 또 마을 공동 행사로 당산제를 지내고 기세배놀이·다리밟기·달집태우기·줄다리기·지신밟기·쥐불놀이 등을 하며 즐거운 하루를 보냈다.

놋다리밟기
사람들이 허리를 굽혀 행렬을 만들고 단장한 젊은 여자를
공주로 뽑아 행렬 위를 걸어가게 하는 놀이.
경북 안동에서 정월 대보름에 즐긴 놀이다.

◀ 고싸움

정월 대보름 전후, 볏짚으로 둥그런 모양의 '고'를 만들고 편을 갈라 서로 맞부딪치며 겨루는 놀이. 고는 옷고름을 매듭 짓는 고리 모양에서 따온 말이다.

▶ 지신밟기

정초에서 대보름 사이, 풍물을 치고 마을 곳곳을 돌면서 지신을 밟아 달랬다. 악귀를 물리치고 한 해의 안녕과 풍작을 비는 민속 의례이다.

◀ 기세배놀이

형제 서열을 맺은 마을 사이에 아우 마을이 형 마을에 농기農旗로 신년 세배를 올리는 풍습이다.

▼ 달집태우기

대보름날 밤 달이 뜰 때 솔가지 무더기를 태우며 한 해 농사의 풍흉을 점치며 노는 풍속이다.

▼ 기지시 줄다리기

충남 당진 기지시 마을에서 전승되는 줄다리기. 액을 물리치고 번성을 기원하기 위해 지네 모양의 줄을 만들며 수천 명이 참여한다.

마음을 밝히며 논다, 관등놀이

관등觀燈은 등을 달고 불을 밝히는 일로, 관등놀이는 음력 4월 8일 부처님 오신 날에 행하는 민속놀이의 하나이다. 연원은 고려시대의 팔관회나 연등회에서 찾아볼 수 있으며, 조선시대에는 초파일의 관등놀이가 일반화됐다. 조선왕조는 국시로 불교를 억압하는 정책을 내세웠으나, 관등놀이는 전통적인 풍속의 하나로 여겼던 것이다.

불교에서 관등은 마음을 밝히는 등으로 해석하지만 민간의 관등놀이는 한마디로 등을 달고 논다는 의미였다. 이날 민가에서는 마당에 긴 장대를 세워 등대를 만든 후, 등대에다 줄을 매고 식구 수대로 등을 달았다. 등대를 세우지 못하는 민가에서는 기둥이나 추녀 밑에 등을 달기도 했다.

한편 사찰에서는 신도들이 여러 가지 모양의 수많은 등을 달아 장관을 이루는데, 등에 이름과 생년월일시를 적고 불을 밝힌다. 오늘날에도 초파일이 되면 절 경내는 빽빽한 관등의 대열로 가득 차 휘황찬란한 모습을 연출하고 불교 신도들의 연등 행렬이 거리를 누비기도 한다.

관등놀이
사월초파일에 사찰에서 석가모니의 탄생을 축하하며 재를 올리고 불을 밝힌 등을 달아매던 놀이다.

정겨운 단오 풍경, 씨름과 그네뛰기

단오端午는 음력 5월 5일로, 우리나라 명절의 하나이다. '단端' 자는 처음 곧 첫 번째를 뜻하고, '오午' 자는 '오五'의 뜻으로 단오는 '초닷새'를 이른다. 이날은 숫자 5가 겹치는 양기가 가장 왕성한 날이라 하여 큰 명절로 여기고 여러 가지 행사를 치렀으며, 조선 초에는 설, 추석과 함께 3대 명절의 하나로 중시했다.

단오는 수릿날이라고도 하는데, 이날 산에서 자라는 수리취라는 나물이나 쑥을 뜯어 수레바퀴 모양의 단오떡을 해 먹어서 '수리'라는 이름이 붙었다고 한다.

부녀자들은 이날 머리카락이 빠지지 않고 윤기가 나며 머릿결이 좋아진다고 창포 삶은 물에 머리를 감고 그네뛰기를 하면서 하루를 즐겼다. 예전에는 부녀자들의 외출이 여의치 않았지만 이날만은 밖에서 그네 뛰는 것이 허용됐다. 남자들은 주로 씨름을 하며 더운 여름에 신체를 단련하는 경기를 했는데, 우승자에게는 황소를 상품으로 주어 오늘날까지 씨름 우승자에게 황소 트로피를 주는 전통이 이어지고 있다.

▶ **그네뛰기**
단오절에 큰 나뭇가지나 두 기둥 위에 나무를 가로질러 두 줄을 맨 뒤, 줄 아래 발판에 올라서거나 앉아 몸을 앞뒤로 움직이며 날게 한다.

▼ **씨름**
두 사람이 샅바를 잡고 힘과 기술로 상대를 넘어뜨리는 것으로 승부를 겨룬다.

더도 덜도 말고 한가위만큼만

음력 8월 15일, 우리나라 최대 명절의 하나인 추석은 한가위라고 한다. 이때는 농경민족인 우리 조상들이 봄에서 여름 동안 가꾼 곡식과 과일을 거두는 계절이고, 여름처럼 덥지도 않고 겨울처럼 춥지도 않으며, 달도 일 년 중 가장 크고 밝게 떠서 우리들 마음을 즐겁고 풍족하게 하므로 "더도 말고 덜도 말고 한가위만큼만"이라는 말이 생겼다.

추석 명절의 유래는 신라 때 왕녀 둘이 부녀자들을 모아 두 편으로 나누어 길쌈 내기를 한 가배嘉俳에서 시작되었다고 하는데, 이날은 햅쌀로 송편을 빚고 햇과일 따위의 음식을 장만해 차례를 지내고 조상 묘에 성묘한 후 하루를 즐겼다.

특히 농사일로 수고한 농군들이 마을을 돌면서 음식을 대접받고 거북놀이·소싸움·가마싸움 등을 하며 즐겼고, 전남 서남해안 지방에서는 강강술래 놀이를 즐겼다. 이 놀이는 이날 달이 솟을 무렵 젊은 부녀자들이 넓은 마당이나 풀밭에 모여 손과 손을 잡고 둥글게 원을 그리며 빙글빙글 돌면서 노래를 부르고 춤을 추는 것이다. 이때 춤을 잘 추고 사람들을 웃기는 몸짓을 잘하는 놀이꾼 두세 명이 원 안으로 뛰어 들어가 두 손을 내두르며 춤을 추며 노는데, 이를 남생이놀이라 한다. 강강술래는 임진왜란 때 이순신 장군이 왜군에게 우리 측 군사들이 많은 것처럼 위장함으로써 그들을 격퇴하는 데 썼다고 한다.

강강술래
한가위 보름달 아래서 마을 처녀들이 풍작을 기원하며 손을 맞잡아 원을 만들고 도는 놀이.
노래하고 원무를 돌면서 민속놀이를 곁들이기도 한다.

◀ **소싸움**
추석 무렵 황소 두 마리를 마주 세워 싸움을 붙였다. 소가 중요한 생산 수단이었던 전통사회에서 농한기에 즐긴 놀이다.

▶ **거북놀이**
추석날 수숫잎으로 거북 모양을 만들어 쓰고 집집마다 찾아다니며 논다. 마을 사람들이 함께 즐기며, 각 가정의 복을 빌어주는 놀이다.

▼ **가마놀이**
추석에 열 살 안팎의 남녀 아이들이 가마를 타고 놀거나 승부를 겨루는 놀이. 양편이 각기 상대편 가마에 접근해 먼저 가마를 빼앗거나 부수면 이긴다.

▲ **올벼신미**
한가위 무렵 첫 수확물을 먼저 조상에게 올리는 풍속. 잘 익은 햇벼 한 줌의 뿌리 쪽을 베어다 실로 묶고 안방 윗목 또는 기둥에 걸어뒀다.

놀면서 자라는 어린이 민속놀이

우리나라는 예로부터 전해 오는 민속놀이가 많아 어린아이들도 여러 가지 놀이를 하며 자랐다. 지금은 시간이 흐르면서 옛 놀이들이 점점 사라져 가고 있으나 명절 때나 특별한 날에는 민속촌 등지를 찾아가 각종 놀이를 하면서 하루를 즐기는 모습을 볼 수 있다.

어린이 놀이는 성인이 아닌 어린이들이 주로 즐겨 하는 놀이로, 남자 아이들은 팽이치기·제기차기·딱지치기·돌치기·죽마놀이·자치기·구슬치기·말타기 등을 즐겼고, 여자 아이들은 공기놀이·널뛰기·실뜨기·고무줄놀이·오자미 던지기·풀각시놀이·수건돌리기 등을 하며 놀았다.

남녀 구분 없이 즐기던 놀이로는 꼬리따기·다리세기·숨바꼭질·고누·윷놀이·바람개비·땅재먹기·그림자놀이·호떼기 불기·칠교놀이·사방치기·주사위놀이 등 여러 가지가 있었다.

팽이치기
주로 겨울철 얼음판 위에서 원뿔 모양으로 깎은 팽이를 채로 쳐 돌리는 놀이.

◀ 풀각시
막대기나 수수깡 한 쪽 끝에 풀로 색시 머리를 곱게 땋아 만든 각시 인형을 가지고 노는 놀이.

▶ 주사위
짐승의 뼈나 단단한 나무로 만든 조각에 숫자를 새겨 넣고 바닥에 던져 위쪽에 나타난 점수로 승부를 결정했다. 특히 신라 옛 궁터에서 발견된 주령구는 귀족이 가지고 놀던 14면체 주사위다.

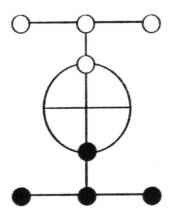

◀ **고누**
두 사람이 말판을 그려 놓고,
서로 많이 따먹거나 상대의
집 차지를 겨루는 놀이.

▶ **죽마놀이**
대나무 말을 만들어 타고
뛰노는 놀이. 긴 대나무
막대 두 개에 각각 발판
을 붙여 발을 올려놓고 위
쪽을 붙잡고 걸어 다닐 수
있게 만들었다.

▲ **투호**
일정 거리에 병을 두고,
그 속에 화살을 던져 넣어
그 개수로 승부를 가리는 놀이.

◀ **제기차기**
제기를 땅에 떨어뜨리지
않고 많이 차는 것을 겨
루는 놀이.

◀ **땅재먹기**
땅에 일정한 범위를 정해,
자기 땅을 넓히고 상대의 땅은 빼앗는 놀이.

15장

나와 나라를
지키는 믿음,
한국인의 종교

우리 인간은 신이나 절대적인 힘을 통해 삶의 근본 목적을 찾으려고 초자연적 존재에게 의지하려는 신앙을 가지게 되었는데, 이러한 신앙을 체계화한 것이 종교이다.

우리나라는 다양한 종교가 있어 외국에서 들어온 종교도 있고 우리나라에서 일어난 종교도 있다. 제일 먼저 삼국시대에 불교가 인도에서 중국을 통해 들어왔고, 조선시대에는 중국의 유교가 우리의 생활 깊숙한 곳에 자리 잡으면서 사람들의 삶에 가장 큰 영향을 끼쳤고 지금도 생활과 문화 곳곳에 남아 있다. 조선 말에는 서양 종교인 기독교가 들어와 현재 가장 널리 전파되고 있다.

이와 같은 외국의 종교 외에 우리 민족이 창시한 종교도 있는데, 대종교·천도교·원불교·증산교 등을 들 수 있다. 이들 종교는 우리나라의 대표적 민족 종교로 모두 우리의 민족의식을 고취시키는 역할을 해 오고 있다.

일상을 지배한 사상, 유교

유교儒教는 유학을 종교적인 관점에서 이르는 말로, 삼강오륜을 덕목으로 하며 사서삼경四書三經을 경전으로 한다. 유학儒學은 중국의 공자孔子를 시조로 하는 전통적인 학문으로, 요堯·순舜 임금으로부터 주공周公에 이르는 성인을 이상으로 하고 인仁과 예禮를 근본 개념으로 자기 마음과 행실을 바로 닦아 수양하는 수신修身에서 나라를 잘 다스려 천하를 편안하게 하는 치국평천하治國平天下에 이르는 실천을 중심 과제로 삼는다.

유교가 우리나라에 전래된 것은 삼국시대이다. 고구려는 372년(소수림왕 2년)에 태학太學을 세워 유학을 교수하고, 백제는 근초고왕(재위 346~375) 때 왕인王仁이 천자문과 논어를 일본에 전했다는 기록이 나온다. 신라는 682년(신문왕 2년)에 와서 국학을 건립하고 유학을 가르쳤으며, 중국 당나라에 유학생을 보내 학문을 장려했으며 최치원崔致遠 같은 대학자가 당나라 과거에 급제하여 이름을 떨쳤다. 고려는 숭불정책으로 한때 유교가 부진하다가 992년(성종 11년) 국자 감國子監을 설치하고 유학을 가르쳤으며, 충렬왕 대의 문신 안향安珦은 중국에 다녀오면서 주자학朱子學을 수입, 유교 부흥에 힘써 '주자학의 시조'로 추앙된다.

유교는 숭유주의를 국시로 택한 조선시대에 크게 발전했는데, 중앙에 성균관을 설치하고 유생을 가르쳤고, 지방에서는 각처에 설립된 향교와 서원이 학도들을 가르쳤다. 이로써 조선 초기의 김종직金宗直과 조광조趙光祖의 뒤를 이어 '동방의 주부자朱夫子'라 불린 이황李滉, '동방의 성인聖人'이라 불린 이이李珥 같은 대학자가 나와 후대 학자들에게 큰 영향을 끼쳤다.

문묘 대성전

문묘는 유교의 성인인 공자와 성현을 모시는 사당으로, 대성전은 제례 공간의 중심이다.

삼강행실도,
충효와 부부애를 가르치다

조선시대에는 이전 왕조인 고려에서 숭상하던 불교를 배척하고 유교를 숭상하는 정책을 채택, 유교의 주요 실천 덕목인 삼강三綱과 오륜五倫을 중시했다. 삼강은 임금과 신하, 어버이와 자식, 남편과 아내 사이에 마땅히 지켜야 할 도리를 말하는 것으로, 중국뿐 아니라 우리나라에서도 기본적인 사회윤리로 존중돼 왔다.

조선 건국 후 문물제도가 어느 정도 갖추어진 세종대에 와서는 이러한 기본적 윤리를 강조하고 백성들에게 전파하기 위해 1432년에 《삼강행실도三綱行實圖》를 편찬했다. 이 책은 직제학 설순偰循 등이 우리나라와 중국 서적에서 군신·부자·부부 간에 모범이 되는 충신·효자·열녀들을 각각 35명씩 뽑아 그 행적을 그림과 글로 칭송한 것으로, 조선시대의 윤리 및 가치관을 이해하는데 중요한 자료가 되고 있다. 또 이 책의 밑그림은 판화 형식이며, 그 내용을 묘사하여 이해에 도움을 주고 있는데, 여기에는 안견安堅 ·최경崔涇 등 당대 유명 화원들이 참여한 것으로 보인다.

◀『오륜행실도』
유교의 기본 덕목을 보급하기 위해 1797년 정조의 왕명으로 『삼강행실도』와 『이륜행실도』를 합해 편찬했다. 그림은 『오륜행실도』의 한 장면.

▼『삼강행실도』
우리나라와 중국 서적에서 충신, 효자, 열녀의 행실을 모은 언행록.

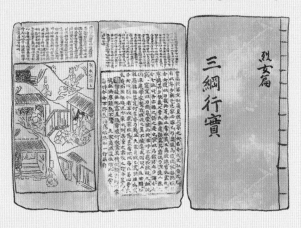

신줏단지를 모시다, 가신신앙

우리가 평소에 몹시 귀하게 여겨 조심스럽게 다룬다고 할 때 "신줏단지 모시듯 한다"라고 말한다. 이때 신줏단지는 조상신을 뜻하는 신주神主와 조상신을 모시는 오지항아리를 뜻하는 단지의 합성어이다. 이 신줏단지는 보통 그 집안 장손 집안에서 안방 시렁 위에 모셔 두고 받드는데, 이 행위가 바로 집안을 지켜주는 가신家神에 대한 믿음이 된 것으로, 이를 가신신앙이라 한다.

우리 민족은 예로부터 가신들이 집안 여러 장소를 각기 분담하여 그곳을 지켜준다고 믿어왔다. 때문에 집의 본체를 담당하여 지켜주는 성주신, 집터를 담당하는 터주신, 아기의 출생을 맡은 삼신, 부엌의 아궁이와 밥솥을 담당하는 조왕신, 우물을 관장하는 용왕신, 장독대를 담당하는 장독신 등 사방의 신들을 정성껏 섬겨왔다.

이와 같이 가신신앙이 서민들에게 뿌리 깊게 자리 잡은 원인은 고급스러운 종교가 강조하는 정신적이고 내세적인 문제보다는 힘든 일상의 현실적 문제가 더 시급했기 때문이었다. 또한 가신신앙의 주체였던 부녀자들은 다른 사회적 공간을 드나드는데 제약이 있었기 때문에 집안에서 구석구석마다 신을 모시고 가정의 무사안녕을 비는 것으로 생활의 의지와 희망을 얻었던 것이라 볼 수 있다.

신줏단지

조상의 혼령이 담겨 있다는 항아리. 18세기 장자 위주의 제사가 정착되면서 장손의 집에 위패를 대신해서 모시기도 했다. 조상단지, 부루단지라고도 한다.

◀ 터주

집의 터를 지켜주는 가신이다. 짚가리를 만들고 항아리에
쌀을 담아 신체神體로 삼는다.

▶ 삼신단지

아기를 낳고 기르는 것을 관장하는
삼신의 신체를 모셔둔 단지.

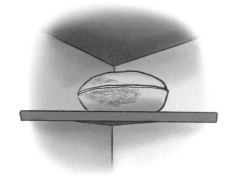

◀ 성주

집 건물을 수호하는 가신이다. 십을 시을 때 '성주맞
이굿'을 하는데, 흰 종이를 여러 겹 접어 속에 왕돈 한
푼을 넣고 안방을 향한 대들보 표면에 붙인 다음 쌀을
뿌린다.

▶ 조왕

부엌을 관장하는 신이다. 부뚜막에 불씨를 보호하거나
물을 담은 종지를 놓아 모시는 풍습이 있다.

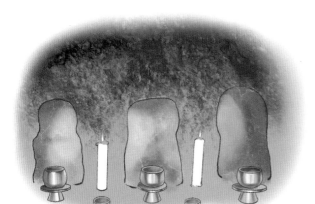

◀ 칠성당

인간의 수명과 장수를 관장하는 칠성신을 모신
신당이다. 장독대 옆에 소박하게 칠성단을 꾸미
고 정화수를 바치며 아이의 장수를 빌었다.

'우리 마을'을 지키는 신앙

마을신앙은 공동체의 안녕과 풍요를 기원하기 위해 예로부터 마을에 전해 내려오는 집단적 신앙 형태를 말한다. 마을은 가족을 포함한 친족이나 이웃 사람 등 촌락민이 지연을 함께하며 생활한다는 공동의식을 가진다. 따라서 마을의 경계나 중심에는 서낭당이 있어 동제를 지내고 '우리 마을'이라는 의식을 강화한다. 이러한 동제의 형태는 옛 부족국가 시대부터 있었는데, 부여의 영고迎鼓, 삼한의 천신제天神祭, 동예의 무천舞天, 고구려의 동맹東盟 등이 그것이다.

이러한 제의는 모두 그 해의 풍작을 천신에게 기원하고, 풍작을 감사드리며 나라의 태평을 기원하는 집단 제의였으며, 이러한 부족 단위의 제의가 사회의 세분화에 따라 각 마을 단위로 토착화되어 마을신앙으로 뿌리를 내리게 된 것이다. 이 같은 신앙은 어촌의 경우 풍어를 기원하는 모습으로 집약된다.

마을신앙에는 크게 동제와 별신제의 두 가지가 있는데, 동제는 보통 정월 대보름날을 택해 마을에서 선출된 대표가 제관이 되어 제사를 지낸다. 별신제는 마을의 사정에 맞추어 제일을 잡아 무당이라는 직업적 사제자를 초청하여 지낸다. 동제는 밤에 행하여 다른 마을 사람에게 공개하지 않는 것을 원칙으로 하고, 별신제는 공개적으로 개방하여 축제의 분위기를 띠는 대조적인 모습을 보이는데, 두 가지 모두 마을을 위한 지연적 관계에서 행해진다는 점에서 근본적으로 일치한다.

삼덕리 마을제당
경남 통영시 산양읍 장군봉의 산신을
모시는 신당.

◀ 당굿

마을 수호신(당산신)에게 풍요와 평안을 기원하는 마을제사이다. 바다를 접한 지역에서는 뱃길에서 풍어를 비는 굿을 한다. 사진은 완도 장좌리 당굿 모습.
제공_ 이윤선

▶ 별신굿

무당들을 불러 대규모로 벌이는 마을 굿. 동해안에서 가장 활발하게 전승된다. 어촌 마을의 풍요와 선원들의 안전을 빌었다.

◀ 장승제

마을 수호를 위해 마을이나 사찰 입구 또는 길가에 세워진 장승에 지내는 마을 제사이다.

민간의 의식을 사로잡다, 무속신앙

무속巫俗은 무당을 중심으로 하여 전승되는 종교적 현상이다. 무속의 기본 제의는 성주굿·삼신굿·지신굿·조왕굿 등 민가의 가신에게 기원하는 제의와, 서낭굿·당산굿 등 마을의 수호신에게 기원하는 제의가 있는데, 이는 무당에 의해 진행되는 굿의 형태로 나타난다.

굿의 제의 순서는 민가의 가신家神으로부터 마을의 수호신守護神을 거쳐 우주의 천신天神으로 이어지며, 이러한 민간층의 종교 의식이 집약되어 우리의 정신 속에 자리 잡고 일상생활을 통하여 생리화된 현상을 무속이라 할 수 있다. 그러나 현세를 무의미하고 덧없는 것으로 보지 않고 현실의 행복을 추구하는 무속은 기복적이며 저차원의 종교로 간주되기도 한다.

무속을 주관하는 무당은 신령의 세계와 인간의 세계를 연결하는 중계자라는 점에서는 같지만, 무당이 되는 과정에 따라 두 부류로 나뉜다. 즉 직접 신내림을 받은 강신무降神巫와 강신무로부터 분화되어 사회적으로 정착하여 제도화한 세습무世襲巫로 나눌 수 있다. 강신무의 경우 신통력은 있으나 연희에 능통하지 못하며, 세습무는 영적인 힘은 약하나 무가와 굿에 능통하다. 지역적으로 강신무는 한강을 경계로 이북에 많이 분포하고, 세습무는 남쪽에 많았으나 오늘날에는 그 수가 급격히 감소하고 있다.

내림굿

무병을 앓거나 몸에
신기가 나타나는 사람에게
신을 내리게 하는 강신제.

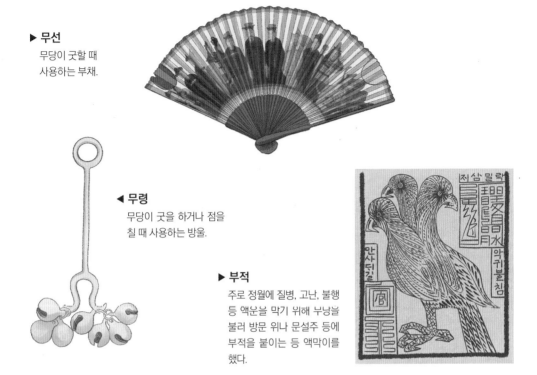

▶ **무선**
무당이 굿할 때
사용하는 부채.

◀ **무령**
무당이 굿을 하거나 점을
칠 때 사용하는 방울.

▶ **부적**
주로 정월에 질병, 고난, 불행
등 액운을 막기 위해 부넝을
불러 방문 위나 문설주 등에
부적을 붙이는 등 액막이를
했다.

▼ **굿할 때 쓰는 악기들**

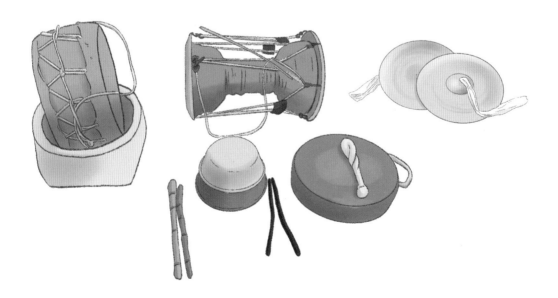

불교, 국난 극복에 앞장서다

우리나라에 불교가 전파된 것은 372년(소수림왕 2년) 중국 전진前秦의 순도順道와 아도阿道가 불경과 불상을 가지고 들어와 성문사省門寺와 이불란사伊弗蘭寺를 창건하고 설법한 때이다.

백제는 384년(침류왕 1년) 인도의 승려 마라난타摩羅難陀가 남한산에 절을 짓고 포교를 시작했다. 백제 불교는 일본과 밀접한 관계를 맺어 많은 고승이 일본에 건너가 불교 전파에 큰 공헌을 했다. 신라에서는 527년(법흥왕 14년), 이차돈異次頓의 순교 이후 공인되어 국가의 보호 아래 급속히 발전했다. 이후 신라 불교는 국가의 태평과 왕실의 번영을 비는 호국 불교가 되어 황룡사·불국사·석굴암石窟庵·통도사通度寺·해인사海印寺 같은 명찰을 창건하고, 원광圓光·원효元曉·자장慈藏·의상義湘·혜초慧超 같은 고승을 배출했다.

불교를 국교로 정하고 보호한 고려시대에는 승과僧科를 제정하여 승려를 우대하고, 연등회燃燈會를 연중행사로 개최하는 등 사회 전반에 걸쳐 사상적 기반이 됐다. 이때 개성의 왕륜사王輪寺·법왕사法王寺를 비롯해 봉은사奉恩寺·부석사浮石寺·석왕사釋王寺 같은 명찰 창건과, 의천義天·지눌知訥·나옹懶翁 같은 고승 배출이 이뤄졌다. 특히 13세기 고종 대에는 몽고의 침입을 부처의 힘으로 물리치려는 신념으로 팔만대장경을 간행, 호국 불교로서의 역할을 했다.

조선시대에는 숭유억불정책으로 발전을 못 보았으나 임진왜란 때 서산대사西山大師와 사명당四溟堂, 영규靈圭 같은 승려들이 승병을 이끌고 왜적에 대항하여 다시 한번 호국 불교로서의 면모를 드러냈다.

통도사
삼보사찰 가운데 하나인 불보사찰. 부처의 진신사리뿐 아니라
우리나라 최초로 대장경을 봉안, 창건 당시부터 매우 중요한
사찰로 부각됐다.

▶ 목어

물고기 모양으로 나무를 깎아 만든 법구. 속을 파서
두드리면 소리를 낸다. 종각이나 누각에 걸어두고
의식에 사용했다.

◀ 운판

불교 의식에 사용되는 구름 모양의 넓은 청
동판. 두들기면 청아한 소리를 내는 일종
의 악기이다. 불교 의식에 사용하는 도구를
'불전사물'이라 하는데, 범종과 법고, 운판
과 목어를 꼽는다.

▶ 금동 용두보당

고려시대 당간. 불화를 그린
기를 달아두는 장대를 '당간'
이라 한다. 세련된 쌍예비를
보여주는 국보(제136호)이다.

▶ 발우

적당한 양을 담는 밥그릇
이란 뜻으로, 부처 또는
승려들이 소지하는 밥그
릇이다.

◀ 삼보패

불교에서 숭배 대상인 삼보(불보, 법보, 승보)의
존명을 적어 불단에 모시는 위패.

◀ 목탁

경전을 읽거나 염불을 할
때 두드리는 불구. 큰 방울
모양으로 나무를 깎고 속
을 파내서 나무채로 치면
소리가 울린다.

불교의 세 가지 보물 간직한 한국 3대 사찰

불교에서 '삼보三寶'란, 세 가지 보배라는 뜻으로 불교의 바탕을 이루는 '불보佛寶', '법보法寶', '승보僧寶'를 일컫는다. 불보는 우주의 진리를 깨달은 부처를, 법보는 부처의 말씀인 경전을, 승보는 부처를 따라 수행하고 중생을 구제하는 승려를 말한다.

삼보사찰三寶寺刹은 이 세 가지 보물을 간직하고 있는 사찰인데, 통도사, 해인사, 송광사를 가리키며 한국의 '3대 사찰'이라고도 한다. 이 중 경남 양산 통도사通度寺는 신라 자장율사慈藏律師가 중국 유학을 마치고 창건한 사찰로, 귀국할 때 불경과 불사리佛舍利를 가져와 통도사에 금강계단金剛戒壇을 조성하고 부처의 진신사리眞身舍利를 모셨다. 이 때문에 통도사를 불보사찰이라 부르며 주법당인 대적광전에는 따로 불상을 모시지 않고 불단佛壇만 마련했다.

경남 합천 해인사海印寺는 부처의 말씀을 기록한 대장경을 봉안한 곳이라 법보사찰이라고 한다. 고려 시대에 강화도에서 완성한『고려대장경』은 팔만대장경이라 불리는 방대한 양의 경판으로 보관의 어려움 때문에 조선 초기에 가야산 해인사로 옮겨 지금까지 보관되고 있다.

전남 순천 송광사松廣寺는 큰스님들이 많이 배출됐다고 해서 승보사찰이라고 한다. 고려 중기에 보조국사普照國師 지눌知訥을 비롯해 그 제자 국사가 16명이나 연이어 배출되면서 이 명칭이 붙여졌다.

오늘날 이 삼보사찰은 전통적인 승려 교육과정인 선원禪院·강원講院·율원律院의 세 기능을 다 갖추었다 해서 총림叢林이라고 한다.

▼ 통도사 금강계단
　통도사는 대웅전이 아닌 금강계단에 진신사리를 모신다.
　본래 금강계단은 승려가 되는 과정 중 가장 중요한 수계의식이 이뤄지는 곳이다.

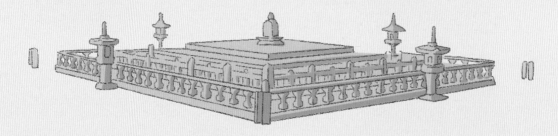

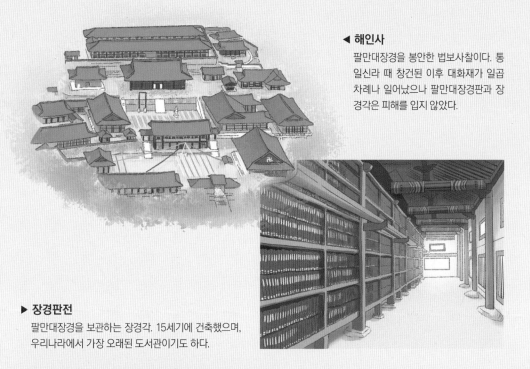

◀ 해인사
팔만대장경을 봉안한 법보사찰이다. 통일신라 때 창건된 이후 대화재가 일곱 차례나 일어났으나 팔만대장경판과 장경각은 피해를 입지 않았다.

▶ 장경판전
팔만대장경을 보관하는 장경각. 15세기에 건축했으며, 우리나라에서 가장 오래된 도서관이기도 하다.

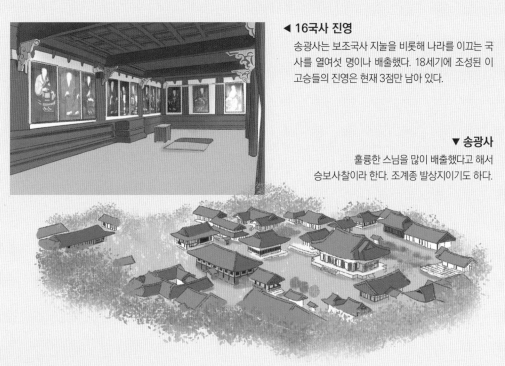

◀ 16국사 진영
송광사는 보조국사 지눌을 비롯해 나라를 이끄는 국사를 열여섯 명이나 배출했다. 18세기에 조성된 이 고승들의 진영은 현재 3점만 남아 있다.

▼ 송광사
훌륭한 스님을 많이 배출했다고 해서 승보사찰이라 한다. 조계종 발상지이기도 하다.

춤추는 불교 의식

일반적으로 불교에서는 계율상 가무를 금하고 있다. 그러나 춤의 종교적 의미와 교화적 기능에 대해 여러 경전에서 그 의의를 밝히고 있어 불교에서의 춤은 신앙의 행위적 표현임을 알 수 있다.

불교 의식에서 춤이 행해진 것은 신라 때부터로 알려졌으나 오늘날에 전해지는 모습은 조선 중엽 이후이다. 이는 조선의 배불정책으로 상류층의 기반을 잃은 불교계에서 일반 대중에게 뿌리를 내리기 위해 무엇보다 의식을 통한 불교 전파가 절실히 요청됐기 때문이다.

현재 전하는 범무梵舞의 유형은 나비춤·바라춤·법고춤 등으로 나뉜다. 나비춤은 소매가 긴 옷에 고깔을 쓰고 느리고 부드러운 동작으로 나비가 나는 모양으로 추는 춤이며, 바라춤은 양손에 바라를 쥐고 머리 위로 들어 올리거나 좌우로 돌리며, 빠른 동작으로 전진과 후퇴, 회전하며 추는 춤이다. 법고를 두드리며 추는 법고춤은 북을 치며 장삼자락을 휘날리는 장엄한 움직임에서 그 어느 춤보다 큰 동작과 활기를 볼 수 있다.

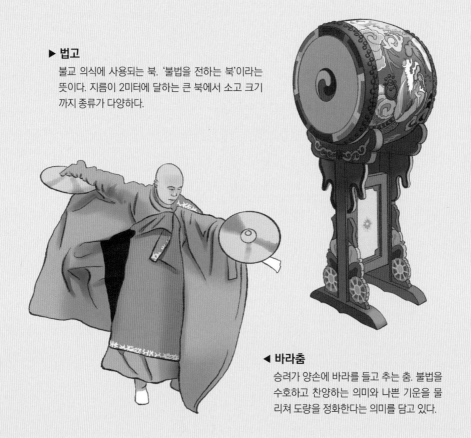

▶ **법고**
불교 의식에 사용되는 북. '불법을 전하는 북'이라는 뜻이다. 지름이 2미터에 달하는 큰 북에서 소고 크기까지 종류가 다양하다.

◀ **바라춤**
승려가 양손에 바라를 들고 추는 춤. 불법을 수호하고 찬양하는 의미와 나쁜 기운을 물리쳐 도량을 정화한다는 의미를 담고 있다.

스스로 나라를 지키는 힘, 민족 종교

우리 민족은 삼국시대부터 고려시대까지는 불교를 숭상했으나, 조선시대에는 국가 정책에 따라 유교를 믿게 됐다. 그러나 유교는 원래 합리성을 바탕으로 한 현세적 질서 존중의 성향을 띠고 있었기 때문에 초월적 세계를 지향하는 민중의 체험적 신앙과는 괴리가 있었다.

더구나 조선 말에 이르러 국정이 문란해지고 외세의 침입이 빈번해지자 우리 자신을 지키고 나아가 나라를 지키자는 의식이 자연적으로 일어나 새로운 형태의 신앙 대상을 추앙하는 민족 종교들이 창시되기 시작했는데, 그 대표적인 것이 1905년 손병희孫秉熙가 동학東學을 개칭하여 창도한 천도교였다. 이 천도교는 초월적인 유일신 한울님을 신앙 대상으로 하며 '사람이 곧 하늘'이라는 인내천人乃天 사상을 바탕으로 민중의 절대적인 호응을 받았다. 이후 1909년에는 나철羅喆이 기울어 가는 국운을 회생시키고자 단군 숭배 사상을 기초로 하여 대종교大倧敎를 중광重光했으며, 1916년에는 박중빈朴重彬이 불교의 현대화와 생활화, 대중화를 주창하며 원불교圓佛敎를 세웠다.

이보다 앞서 1901년에는 강일순姜一淳이 유교와 불교, 도교의 교리를 종합하여 증산교甑山敎를 창도하여 동학운동의 실패로 기울어지는 나라의 운명을 새로이 개척하고자 포교에 힘쓴 바 있다.

선의식

대종교의 의식 가운데 제천의식을 이르는 말. 하늘을 섬기는 뜻을 드높이고 대종교의 이념인 '홍익인간'을 알리자는 의미로 거행한다.

기독교가 한국에 들어오기까지

우리나라 기독교의 역사는 임진왜란 중인 1593년(선조 26년) 일본을 통해 조선에 들어와 활동한 스페인 신부 세스페데스Cespedes의 천주교 포교에서 비롯된다. 이후 중국에서 선교하던 이탈리아 신부 마테오 리치Matteo Ricci가 지은 『천주실의天主實義』가 조선에 소개되면서 천주교에 대한 관심이 높아졌고, 1783년(정조 7년) 이승훈李承薰이 세례를 받은 후 신자가 늘어갔다.

그러나 천주교가 종전의 유교적 의식을 거부하는 전례典禮 문제가 일어나고, 1791년(정조 15년) 전북 진산의 윤지충尹持忠이 모친상에 신주를 없애는 사건이 일어나자 조정에서 이를 사교邪敎로 규정하고 탄압하기에 이르렀다. 순조가 즉위하면서 천주교에 대한 혹독한 박해가 이루어져 1801년 조선에서 선교하던 중국 청나라 신부 주문모周文謨와 이승훈 등이 처형을 당하고, 1846년에는 우리나라 최초로 영세를 받은 김대건金大建 신부가 처형을 당했다. 이후 고종 즉위후 흥선대원군의 쇄국정책에 따라 1866년 천주교도에 대한 탄압으로 프랑스 선교사를 비롯한 국내 천주교도들을 대규모 처형했다.

이즈음 조선 지식층의 정치 운동이나 교육 운동에 커다란 영향을 끼친 것은 개신교라 일컬어지는 기독교였는데, 1884년에 미국 선교사 알렌Allen이 오고 이듬해 언더우드Underwood와 아펜젤러Appenzeller가 들어오면서 개신교 선교 활동이 활발해졌다. 이들은 지금의 새문안교회와 정동교회 등을 세워 신도들을 모아 선교하는 한편, 의료와 교육 사업 등도 활발히 전개함으로써 우리나라 사회 발전에 크게 기여했다.

명동성당
한국 최초로 세워진 최대의 성당으로, 우리나라 천주교를 상징하는 건축물이다. 첫 순교자인 김범우의 집터에 세워졌다.

정동교회
우리나라 최초의 감리교 교회 건축물이다. 선교사 아펜젤러가 배재학당과 함께 세웠으며, 신문물이 들어오는 중심지 역할을 했다.

| '서양 오랑캐'를 배척한 절두산 순교지

서울 양화나루 위쪽에 위치한 절두산切頭山은 현재 '잠두봉 유적'이라는 사적으로 지정돼 있는데, 1866년 천주교 탄압 당시 '머리를 자른 산'을 의미하는 대표적인 천주교 순교지이다. 잠두봉蠶頭峰이라는 이름은 봉우리 모양이 마치 누에가 머리를 들고 있는 것 같다는 데서 유래했으며, 용두봉龍頭峰으로도 불렸다.

이곳이 천주교의 순교지가 된 것은 1866년에 프랑스에 의한 병인양요가 일어났을 때다. 전국에 척화비를 세움과 동시에 천주교 신자들이 양화진을 거쳐간 프랑스 함대와 내통했다는 책임을 묻고 대내외에 외세 배척의 의지를 보이고자 이 봉우리에서 1만여 명의 교인들을 처형한 것이다.

오늘날의 한국 기독교는 이러한 박해와 순교의 역경을 거치면서 발전해 오고 있으며, 한국 가톨릭교에서는 이 순교지에 순교기념관을 걸립하고, 김대건·남종삼南鍾三 등의 동상과 순교자상을 세워 그들의 뜻을 기리고 있다.

◀ 김대건 신부상
우리나라 최초의 천주교 사제.
1846년 순교했다.

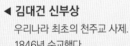

▼ 절두산 성지
병인양요 이후 천주교 신자 1만여 명 이 처형된 곳이다.

◀ 『예수성교요령』과 『예수성교문답』
한글로 인쇄된 최초의 기독교 문서. 1881년 존 로스 목사가 성경에 앞서 시험적으로 인쇄했다. 각각 신약 성경과 기독교 교리를 소개한 소책자이다.

한국미의 절정,
전통미술

우리 민족은 예로부터 예술성이 높은 민족으로 알려져 왔으며, 전통미술에서도 이러한 재질을 살려 훌륭한 작품들을 창작해왔다.

청동기시대 암각화岩刻畫가 특이하며, 신라 천마총天馬塚에서 발견된 〈천마도〉와 〈기마인물도〉 등은 옛 신라인의 그림이 수준 높은 것이었음을 보여 준다. 고려 이영李寧의 〈예성강도禮成江圖〉는 중국 송나라 휘종이 극찬을 했을 만큼 훌륭했다고 하며, 조선시대에는 정선鄭歚의 진경화眞景畫가 한국적 특색을 보여 주었고, 김홍도金弘道와 신윤복申潤福은 서민의 일상생활을 소재로 한 풍속화를 그려냈다.

서예에서는 신라의 김생金生이 최고 명필로 꼽히는데, 중국 왕희지王羲之의 서체를 따르면서도 틀에 얽매이지 않는 서법을 창안했으며, 쌍계사 진감선사비의 비문을 남긴 최치원崔致遠도 명필로 손꼽힌다. 조선시대에는 석봉체石峯體를 이룬 서예 대가 한호韓濩에 이어 조선 후기 김정희金正喜가 실사구시의 태도로 추사체秋史體를 창안했다.

우리 민족은 공예에도 뛰어나 특히 범종 주조에서 우수성을 보였는데, 신라 성덕대왕신종聖德大王神鐘이 그 크기와 형식에서 한국 종의 특색을 발휘한다. 고려시대에는 각종 화려한 청자靑瓷가 만들어졌고 조선시대에는 서민적인 백자白磁가 애용됐다. 불상 조각도 특출해, 국보인 금동미륵보살반가사유상金銅彌勒菩薩半跏思惟像 2구는 지금도 세련된 수법으로 칭송받는다.

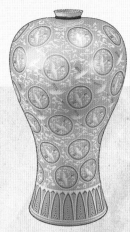

옛 무덤 안의 그림, 고분벽화

고분벽화는 고분 안의 벽 또는 천장에 그려 놓은 그림을 말한다. 주로 왕이나 귀족 등 지배층의 무덤에 죽은 사람의 사후 세계를 위해 그렸다. 고분벽화는 고대 회화의 제작 방식과 더불어 고대 사회의 생활풍속과 내세관·종교·사상 등을 담고 있어 문화 자료로서 높은 가치를 지닌다.

우리나라의 고분벽화는 중국 한나라의 영향을 받아 시작됐으며, 고구려에서 가장 유행하여 그 방식이 백제와 신라, 가야는 물론 일본에까지 전파됐다. 고구려는 3세기 말에서 7세기에 걸쳐 가장 성행했는데, 천장 부위에는 주로 하늘 세계와 신앙, 내세관과 관련된 내용을 그려 넣고, 벽에는 생활풍속과 관련된 내용을 그려 넣어 무덤을 하나의 작은 우주로 꾸몄다.

우리나라에서 발견된 가장 이른 시기의 고분벽화는 낙랑의 채협총彩篋塚 벽화이며, 고구려의 각저총角抵塚·무용총舞踊塚·강서대묘江西大墓·연화총蓮花塚·삼실총三室塚·쌍영총雙楹塚, 백제의 공주 송산리 6호분과 부여 능산리 고분, 신라의 순흥 어숙묘於宿墓 고분, 가야의 고아동 고분 등에서 벽화가 발견됐다.

고려시대에는 벽화 장식의 실례가 보다 많아졌는데, 왕릉으로 추정되는 개풍 수락암동水落巖洞 1호분, 공민왕묘인 현릉玄陵, 그리고 남쪽의 거창 둔마리 고분 등에서 벽화가 발견됐다. 이후 조선시대에는 왕릉에 사신도四神圖를 주제로 한 묘실 장식의 전통이 남아 있는데, 이는 왕릉 내부 석실 천장에는 일월성신日月星辰, 네 벽에는 사신도를 장식으로 한 규례에 따른 것이다.

안악 3호분
황해도 안악군에 있는 고구려 고분.
벽과 천장 가득 벽화가 그려져 있다.
이 그림은 묘주의 초상화이다.

산과 물이 어우러지다, 산수화

산수화는 산과 강 등의 자연경관을 소재로 자연의 아름다움을 묘사한 그림이다. 우리나라를 포함한 동양에서 산수화는 자연의 표현인 동시에 인간이 자연에 대해 지니고 있는 세계관의 반영이기도 하다.

우리나라 회화에서 산수화라고 할 수 있는 그림은 5세기경 고구려에서 산악과 수목을 배경으로 한 〈산악도山岳圖〉가 강서대묘 천장 벽화에서 발견됐을 뿐 삼국시대에는 구체적 자료를 찾을 수 없다가, 고려시대에 와서야 진정한 의미의 산수화가 본격 유행했다. 이제현의 〈기마도강도騎馬渡江圖〉가 이때의 대표적 작품이고, 조선 중기까지 강희안의 〈고사관수도高士觀水圖〉, 이상좌의 〈송하보월도松下步月圖〉, 이정의 〈산수도山水圖〉 등이 그려졌다.

산수화는 조선 후기에 와서 그 유행의 절정을 이루는데, 정선의 〈금강전도金剛全圖〉, 김홍도의 〈무이귀도도武夷歸棹圖〉, 강세황의 〈영통동구도靈通洞口圖〉, 이인문의 〈강산무진도江山無盡圖〉 등이 이때 창작된 작품이다. 조선 말기에는 허련의 〈선면산수도扇面山水圖〉, 조희룡의 〈매화서옥도梅花書屋圖〉, 장승업의 〈산수도山水圖〉가 그 맥을 이었다. 이처럼 산수도는 각 경물의 묘사법 등에서 중국의 화풍을 취하면서도 이를 토대로 한국 특유의 독자적 화풍을 이룩하며 발전했다.

〈영통동구도〉
강세황의 산수화.

〈송하보월도〉
이상좌의 산수화.

우리 산천 정취 그대로, 진경산수화

진경산수화眞景山水畵란 우리나라의 실재하는 경관을 있는 그대로 그린 산수화로, 조선 후기 화가 겸재謙齋 정선鄭歚(1676~1759)에 의해 형성됐다. 정선은 국내 명승고적을 찾아다니며 실제와 똑같은 사생화를 그려 새로운 한국적 산수화풍을 세웠다.

이처럼 뚜렷한 한국적 화풍과 높은 회화성으로 하나의 회화 조류를 형성한 진경산수화는 명승고적이나 한적한 곳에 자리 잡은 별장 등을 소재로 다뤘는데, 그중에서도 금강산과 관동지방, 서울 근교 일대의 경관이 주를 이룬다. 정선의 〈인왕제색도仁王霽色圖〉, 〈금강산도金剛山圖〉, 〈금강산만폭동도金剛山萬瀑洞圖〉, 강희언의 〈인왕산도仁王山圖〉, 김윤겸의 〈영남명승첩嶺南名勝帖〉, 김응환의 〈금강산화첩金剛山畵帖〉, 김석신의 〈도봉산도道峰山圖〉, 심사정의 〈경구팔경도京口八景圖〉 등이 유명하다.

그러나 진경산수화는 18세기 말엽 화원에 의한 형식화 양상을 보이면서 비판의 대상이 되기도 했다. 당시 대표적 문인화가 강세황은 정선의 화풍과 형식화된 진경산수화의 한계를 지적하면서 실제 경관에 부합하는 사실적 기법을 강조했고, 이러한 경향은 구도와 필법이 더욱 치밀하고 박진감 넘치는 김홍도의 〈경구팔경도京口八景圖〉 화풍으로 발전했다.

최근에도 정선의 여러 진경산수화 작품이 실제 모습과 거리가 멀다는 등의 논란이 있어, 정선의 작품들은 '진경'이 아닌 자신의 머릿속에서 재구성한 이상적인 모습을 그렸다고 본다. 조선 사대부들이 이상적 모델로 간주해 온 중국 문인들의 관념적 산수화를 모방한 것이 아니라 조선 산수를 실제 모습에 가깝게 그렸다는 점에서 높이 평가하고 있다.

〈내금강산도〉
정선의 진경산수화.

풍속화, 서민의 생활상을 담다

풍속화는 원래 왕실이나 조정에서 벌어졌던 각종 행사나 사회 각 계층의 생활상과 잡다한 일들을 구체적으로 묘사한 그림이다. 주로 병풍이나 화첩 형태로 그려졌으며, 일반인들도 쉽게 볼 수 있도록 하여 유교적 가치 등을 가르치고 주요한 행사의 모습을 기록하는 역할도 했다.

풍속화는 삼국시대부터 고구려 고분벽화를 중심으로 풍속화적인 요소들이 대두됐으나, 이후 도교와 신선사상의 영향으로 크게 유행하지 못하다가 고려 후기에 〈미륵하생경변상도彌勒下生經變相圖〉 같은 불교 회화나 궁중생활 그림에서 다시 나타나기 시작했다. 18세기 조선 후기에 이르러서는 절정기를 맞게 된다. 이때는 교훈적이고 실용적인 화풍에서 심미적인 감상의 대상으로 발전했으며, 기존의 유형화된 틀에서 사실성과 개성에 기반을 두고 변화됐다.

이처럼 풍속화가 자체로 독립적인 성격을 지닌 채 새로운 경지에 이른 것은 이 시기 활약한 김홍도金弘道와 김득신金得臣, 신윤복申潤福 같은 화가들에 의해서였다. 당대 최고의 풍속화가로 손꼽힌 김홍도는 서민들이 생업에 종사하는 모습을 나타낸 〈주막〉, 〈씨름〉 같은 작품을 남겼으며, 이러한 풍속화풍은 이후 여러 화가들에게 큰 영향을 끼쳤다. 김득신은 인물들의 생김새와 표정을 해학적이면서도 정감 어린 분위기로 묘사하는데 특출한 재능을 보여 〈성하직리盛夏織履〉와 〈파적도破寂圖〉 등의 작품을 남겼다. 신윤복은 김홍도 화풍의 영향을 받으면서도 그만의 개성 넘치는 화폭으로 풍속화의 새로운 단계를 열면서 〈단오〉와 〈미인도〉 등의 걸작을 남겼다.

〈파적도〉 김득신.

〈씨름〉 김홍도.

〈미인도〉 신윤복.

행복하고 익살스런 그림, 민화

민화民畫는 한 민족이나 개인이 전통적으로 이어온 생활 습속에 따라 무명인이 그린 대중적 실용화이다. 정통 회화인 산수화나 화조화 따위를 모방한 것으로 생활공간의 장식이나 민속적 관습에 따라 제작한 것이다.

민화는 조선 후기 서민층에서 유행했는데, 그 장식 장소와 용도에 따라 여러 가지로 분류할 수 있다. 꽃과 함께 의좋게 노니는 한 쌍의 새를 소재로 한 화조영모도花鳥翎毛圖, 물속에 사는 물고기와 게를 소재로 한 어해도魚蟹圖, 소나무 가지에 앉아 있는 까치와 그 밑에 웃는 듯이 앉아 있는 호랑이를 그린 작호도鵲虎圖, 장수의 상징인 거북·소나무·달·해·사슴·학·돌·물·구름·불로초를 한 화면에 그린 십장생도十長生圖, 산천을 소재로 한 산수도山水圖, 농사와 베 짜기, 사람의 평생 모습, 수렵과 세시놀이 등을 소재로 한 풍속도風俗圖, 인격 높은 선비의 모습을 그린 고사도高士圖, 글자를 소재로 한 문자도文字圖, 책을 중심으로 문방사우를 소재로 한 책가도冊架圖, 무속에 관한 소재를 그린 무속도巫俗圖 등이 있다.

이들 민화는 정통 회화에 비해 묘사의 세련도나 격조는 떨어지지만, 익살스럽고 소박한 형태와 대담하고도 파격적인 구성, 아름다운 색채 등으로 특징지어지는 양식으로 오히려 한국적 미의 특색을 잘 나타내고 있다.

〈책거리〉
책과 문방구 등의
기물을 그린 민화.

〈문자도〉
한자 속에 고사의 내용을 그려 넣은 민화.

| 길상화에 나타난 서수와 영물, 십장생

길상吉祥이란 '아름답고 착한 징조'라는 뜻으로, 좋은 일이 있을 조짐을 나타내는 말이다. 예로부터 우리 선조들은 서수瑞獸나 식물, 해와 달 등에 길상의 의미를 두어 의복이나 장신구, 생활용품에 이르기까지 그림으로 도안하여 상징적인 의미로 즐겨 사용했다.

이는 주제와 기능면에서 동양회화의 대종을 이루고 있는데, 많은 자손과 풍부한 재물을 가지고 귀하게 되어 평안하고 오랜 삶을 누리는 것을 인생 제일의 행복으로 여기고 이를 궁극적인 목적으로 삼았던 동양인 특유의 인생관을 배경으로 한 것이다.

우리나라에서는 삼국시대 고분벽화와 공예화 등에 각종 서수와 영물들이 길상의 소재로 다뤄지다가, 고려시대에 이르러 '십장생도十長生圖'의 출현을 보게 된다. 이와 같은 전통은 조선시대로 이어져 사회적 불안 팽배 등으로 인해 크게 유행했으며, 특히 조선 후기에 많이 그려진 민화들은 거의 대부분 길상화의 성격을 지니고 있다.

길상의 대표적 상징인 십장생은 불로장생을 상징하는 열 가지 사물을 말하는데, 해·달·산·물·대나무·소나무·거북·학·사슴·불로초를 가리키며, 달·사슴 대신 돌·구름을 넣기도 한다. 이 십장생의 형태는 궁중을 비롯하여 민간에 이르기까지 가구나 장식품의 문양으로 옮겨져 병풍이나 산수화, 각종 무늬, 사찰 벽면, 부녀자의 노리개, 장롱에도 나타났다.

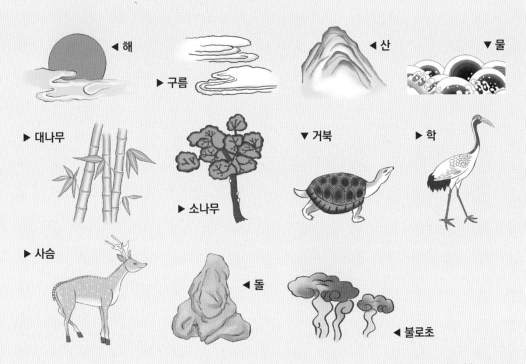

◀ 해
▶ 구름
◀ 산
▼ 물
▶ 대나무
▶ 소나무
▼ 거북
▶ 학
▶ 사슴
◀ 돌
◀ 불로초

세련된 구성미가 돋보이는 그림, 책가도

민화의 다양한 화제 가운데서도 구성미가 돋보이는 '책거리'는 책과 물건을 그린 정물화이다. 조선 후기를 풍미한 책거리는 영조 때 '문방도文房圖'에서 시작돼 정조 때 이르러 책을 중심으로 한 책거리로 정립됐다.

책거리에서 '거리ㅌ里'는 순수 우리말을 이두식으로 표현한 것으로, 책과 관련된 '여러 가지'를 뜻한다. 그런 만큼 책거리에 등장하는 물건들을 보면, 문방구나 청동기 같은 고고한 물건부터 청나라에서 수입된 화려한 도자기나 자명종·회중시계·안경·거울 등의 서양 물건에 이르기까지 다양하다.

책거리 그림 가운데, 특히 서가 혹은 책가로 구성된 그림을 '책가도冊架圖'라 부르는데, 서가와 장식장이 조합된 형태다. 책가도는 궁중화에서 많이 그려졌다. 당시 김홍도가 책거리로 이름을 떨쳤다는

▲ **〈책가도〉** 8폭 병풍, 19세기, 지본채색, 112x381, 개인소장

기록이 있지만 전해지는 작품은 없고, 19세기 궁중 화원 이형록李亨祿(1808~1883 이후)이 책가도로 유명하다.

책가도 특유 구성미의 절정을 보여 주는 위 작품은 52칸 안에 115개의 책갑과 102개의 기물이 그려져 있다. 지금까지 알려진 책가도 가운데 칸 수가 가장 많은데, 이렇게 많은 물건들이 하나도 같은 것 없이 다양한 표정을 짓고 있다. 화가는 알려지지 않지만, 균형과 변화가 조화를 이루는 구성이 뛰어나다.

처음에 궁중회화로 제작되던 책가도는 민간에 퍼져나가 민화로 그려졌다. 조선 후기 과거 열풍이 불면서 상류사회에 대한 서민들의 열망이 책거리의 유행을 가져온 것이다. 최근에도 책거리만의 독특한 구성과 다채로운 스토리가 국내외에 알려지며 각광을 받고 있다.

추사체, 꾸미지 않아 맑고 독창적인

추사체秋史體란 조선 말기의 문신이자 서화가인 추사 김정희金正喜(1786~1856)의 서체를 말한다. 김정희는 충남 예산 출생으로 어릴 때부터 천재적인 예술성, 특히 서도의 재주를 인정받아 20세 전후에 이미 국내외에 이름을 떨쳤다.

　그러나 그의 예술이 궤도에 오른 것은 24세 때 아버지가 동지부사로 청나라 수도 연경燕京에 갈 때 수행하여 그곳에 머물면서 옹방강翁方綱과 완원阮元 같은 이름난 학자들과 접하면서 많은 글씨들을 감상하고 배워 안목을 일신하면서부터다. 그는 옹방강의 서체를 따라 배우면서 그 연원을 거슬러 올라가 조맹부趙孟頫·안진경顔眞卿·소동파蘇東坡 등 유명한 서예가들의 서체를 익히고, 그 이전인 고대 중국의 여러 서체를 본받기에 힘썼다. 이후 이들 모든 서체의 장점을 밑바탕으로 독창적인 서체를 창출한 것이 그의 호를 따서 명명한 추사체이다.

　추사체는 김정희가 말년에 제주도에 유배 갔을 때 완성되는데, 그의 타고난 천품에 무한한 수련을 거쳐 이룩한 이념미의 표출로서 일정한 법식에 구애받지 않은, 꾸민 데 없이 맑고 고고하며 독특한 법식을 나타내고 있다.

〈잔서완석루〉
김정희 대표작.

김정희
추사체를 완성한 서화가.

불교미술의 걸작, 금동미륵보살반가사유상

우리나라 불교미술의 대표 작품인 〈금동미륵보살반가사유상金銅彌勒菩薩半跏思惟像〉은 삼국시대에 금동으로 만들어진 불상을 말한다. 그중에서도 국립중앙박물관에 소장된 국보 2구(제78호, 제83호)는 한국에 남아 있는 100여 구의 반가사유상 중 '세계 최고의 걸작'으로 일컫는다.

국보 제78호로 지정된 사유상(높이 81.5cm)은 6세기 후반 신라 작으로 추정하고 있다. 이 불상에서는 탑처럼 솟아 있는 화려한 보관寶冠이 눈에 띄는데, 마치 태양과 초승달을 결합한 특이한 형식이다. 정면에서 보면 사유상의 허리가 가늘어 여성적인 느낌이 들지만 측면에서 보면 상승하는 힘이 넘쳐난다.

국보 제83호 사유상(높이 91cm)은 6세기 후반부터 7세기 전반에 제작된 신라 작품으로 알려진다. 사유상의 풍만한 얼굴을 보면 두 눈썹에서 콧마루로 내려오는 선의 흐름이 시원하고 날카로우며 작은 입은 약간 돌출됐고 입가엔 미소가 완연하다. 특히 '한 쪽 다리를 다른 쪽 무릎 위에 얹은' 반가半跏에서 오른쪽 발은 오른손과 대응하여 미묘한 생동감이 느껴지며 마치 진리를 깨달은 순간의 희열을 표현한 듯하다. 이 두 반가사유상은 우리나라 고대 불교 조각사 연구의 출발점이자 6, 7세기 동양의 가장 대표적인 작품으로 손꼽히고 있다.

국보 제78호 반가사유상
'반가좌'라는 특이한 자세가 지극히 자연스럽게 표현됐다. 뛰어난 조형미와 주조기법을 보여 준다.

국보 제83호 반가사유상
금동으로 만든 반가사유상 중 가장 크다. 살짝 들린 상태로 팔꿈치를 받쳐주는 오른쪽 무릎과 잔뜩 힘을 주어 구부린 발가락이 생동감을 더한다.

통일신라 조각의 신비,
석굴암 본존불과 십일면관음보살상

통일신라시대 불상 조각의 백미는 석굴암에서 찾아볼 수 있다. 대표적인 것이 본존불과 십일면관음보살상.

석굴암은 경주 토함산에 세워진 석굴 사찰로, 불국사의 부속 암자이다. 석실에 들어서면 중앙에서 조금 뒤쪽에 안치된 본존불이 보이는데, 예술성과 종교성에서 가장 탁월한 문화유산이라 평가받는다. 본존불은 '깨달음을 얻은 순간의 석가모니'를 칭하는 것으로 반쯤 뜬 눈, 길게 호가 그려진 눈썹, 날렵한 콧날, 갈매기 같은 입술, 길게 늘어진 귀 등은 평안하고 자비로우면서도 범접할 수 없는 위엄을 갖

▶ 본존불
신라인들의 불심을 빼어난 건축미와 조각기법에 담았다. 한국 불상의 모범이라 할 수 있는 국보(제24호).

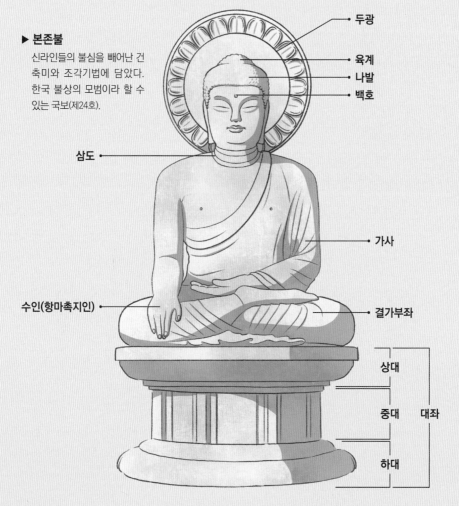

두광 / 육계 / 나발 / 백호 / 삼도 / 가사 / 수인(항마촉지인) / 결가부좌 / 상대 / 중대 / 하대 / 대좌

춘 모습이다. 가히 궁극의 도와 지혜를 깨달은 부처의 신비한 얼굴이 아닐 수 없다. 혹자는 이를 "국보 제78호 반가상에서 이미 정립된 신라인의 이상형"이라고 말하기도 한다. 또한 육중한 체구에 딱 달라 붙은 옷과 자연스럽게 늘어진 얇은 옷자락의 표현 역시 탁월한 기교를 보여준다.

본존불 뒤쪽 원벽 중앙에는 십일면관음보살 입상이 조각돼 있다. 십일면관음보살은 중생을 교화하기 위해 열한 개의 얼굴(본 얼굴을 제외하고 머리 부분에 열한 개의 얼굴이 새겨져 있다)을 갖춘 관세음보살이다. 현세의 고난에서 벗어나고자 관음보살을 신봉한 당시의 '관음신앙'을 엿볼 수 있는 보살상이다. 본존불 바로 뒤쪽에 정면으로 새겨진 배치나 종교적 상징 덕분에 본존불 다음으로 중요한 상으로 여겨지며, 우아하면서도 자비로운 표정과 구슬 부딪히는 소리가 들릴 듯한 섬세한 장식 새김 등 조각기술과 조형성이 뛰어나다.

▶ **십일면관음보살상**
선악이 뒤섞인 중생을 바라보는 다양한 얼굴의 보살상. 관음보살은 중생에게 자비를 베푸는 보살이다. 제공_ 정병모

두광

영락
천의
팔찌

치마

복련대

화불
보관
삼도
연화
경식
보병

불신

대좌

기능과 장식의 조화, 공예

공예는 기능과 장식, 두 가지를 조화시켜 직물·염직·칠기·도자기 등 일상생활에 필요한 물건을 만드는 일이다. 따라서 사용하고자 하는 목적에 알맞고 편리한 기능성, 아름답고 조화롭게 만들어진 조형성, 새롭고 창의적으로 제작된 독창성을 갖추어야 그 가치를 인정받는다.

우리나라의 공예품은 오랜 시간에 걸쳐 갖가지 제작 과정을 겪어오는 동안 무의식중에 한국적인 특질이 배양돼 타민족의 그것과 구별되는 성격과 우수성을 보이는 대표적인 미술품이라 할 수 있는데, 재료에 따라 다음의 세 종류로 크게 나눌 수 있다. 첫째 금속공예는 금속을 주재료로 만드는 공예로, 천마총 금관과 다뉴세문경 등이 대표적이며, 목칠공예는 나무에 옻칠을 하여 만든 공예로, 주칠목합·나전반진고리·화각함·경상·삼층탁자 등이 제조됐다. 마지막으로 토도공예는 흙을 구워 도자기를 만든 공예로 번개무늬질그릇·청자사자유개향로·백자삼강연당초문대접·도제기마인물상·청자상감운학문매병·백자철화매죽문대호 등의 작품이 남아 있다.

우리나라 토도 공예품 중 세계적으로 유명한 작품은 고려청자를 들 수 있다. 푸른빛의 도자기로 상감청자象嵌靑瓷가 특히 유명하며, 조선시대의 분청사기粉靑沙器는 회흑색 태토에 백토로 분을 발라 다시 구워 낸 것으로 회청색 또는 회황색을 띠는 자기이고, 조선백자는 흰빛을 띤 자기로 고려청자와 쌍벽을 이루는 공예품이다.

고려청자
고려시대에 만들어진 푸른빛의 자기. 표면에 보석, 자개 따위의 재료를 끼워 넣은 상감기법을 활용했다. 국보 제68호 청자 상감운학문 매병.

청자사자유개향로
고려시대의 청자 향로. 12세기 고려청자의 높은 수준을 보여주는 수작으로 꼽힌다.

◀ 달항아리

조선 후기에 제작된 백자 항아리. 조선시대에는 순백 바탕흙에
투명한 유약을 발라 구워낸 백자가 유행했다.

◀ 분청사기

회흑색 바탕흙에 백토를 바른 뒤 유약을 입혀 구워낸
조선 초기의 도자기.

▶ 백제 금동대향로

과학적인 설계와 화려한 장식이 돋보이는
7세기 초 금동향로. 백제 장인의 기술과
예술혼을 잘 나타낸다.

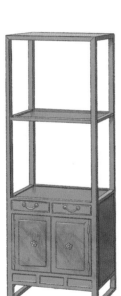

◀ 삼층 탁자

책과 문방용품을 올려놓고 장식하는 가
구. 아래쪽에 서랍을 설치한 것은 조선
후기 양식이다. 간결한 선 구성과 비례미
가 엿보인다.

▶ 나전반짇고리

바느질 용구를 담는 상자.
칠면에 자개 등을 붙이는
나전기법 공예품이다.

◀ 경상

책을 올려놓는 작은 책상. 형태가 아름답다. 고려 때 사
찰 필수품으로 사용했으나 조선시대에는 과다한 장식
을 피했다.

신라 예술은 찬란하다

신라는 예술을 비롯한 모든 분야에서 삼국 가운데 가장 늦게 발전했지만, 대신 신라 고유의 독자적인 문화를 이루며 특히 불교를 숭상하여 불교예술을 꽃피운 특징이 있다.

건축 분야에서는 사찰 건축이 발달하여 황룡사를 비롯해 흥륜사興輪寺·분황사芬皇寺·사천왕사四天王寺·봉덕사奉德寺·불국사 등의 사찰이 세워졌고, 불국사 다보탑과 석가탑, 감은사지 삼층석탑 등이 함께 세워졌다.

조각에서는 불상이 특출한데, 황룡사의 금동장육삼존상金銅丈六三尊像은 현재 전하지 않으나 신라 삼보三寶의 하나로 손꼽혔으며, 같은 이름의 금동미륵보살반가사유상 2구는 지금도 그 세련된 수법이 칭송받고 있으며, 석굴암의 불상에 이르러 최고 수준에 이르렀다. 공예에서는 특히 범종 주조에서 우수성을 보이는데, 오대산 상원사종上院寺鐘과 봉덕사종이라 일컬어지는 성덕대왕신종聖德大王神鐘이 크기와 형식에서 한국 종의 특색을 발휘하고 있다. 또 장신구로서 금관을 비롯해 금귀걸이·금가락지·금팔찌 등 순금 제품이 많이 제조됐는데, 이로써 당시 화려한 생활의 단면을 볼 수 있다.

회화에서는 솔거率去가 그린 황룡사의 〈노송도老松圖〉가 유명하나 지금은 전하지 않고, 천마총에서 발견된 〈천마도〉와 〈기마인물도〉 등은 신라 그림의 높은 수준을 보여 준다. 서예에서는 김생金生이 최고의 명필로 꼽히는데, 중국 왕희지王羲之의 서체를 따르면서도 틀에 얽매이지 않는 서법을 창안해 '신품제일神品第一'의 평을 받으며 낭공대사비郎空大師碑의 비문을 남겼고, 말기에는 중국 구양순歐陽詢의 서체를 따른 요극일姚克一과 쌍계사 진감선사비眞鑑禪師碑의 비문을 남긴 최치원 등이 대표적인 명필로 손꼽힌다.

◀〈천마도〉
천마총에서 나온 말다래 뒷면에 그려진 그림.
순백색 천마가 하늘로 날아오르는 모습이다.

◀ 금관
황남대총에서 출토된 금관. 왕비의 무덤으로 추정하는 북분에서 나왔다.

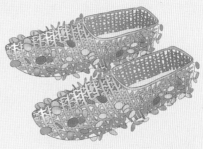

▲ 금동신발
신라인들은 내세에서도 부귀영화를 누리길 소망하며 지도층의 무덤에 허리띠, 금동신발, 귀걸이, 곡옥 등 각종 금 세공품들을 넣었다.

◀ 곡옥

◀ 귀걸이

◀ 허리띠
경주 금관총에서 발굴된 금제 허리띠. 17줄의 요패를 달고 있어 장식성이 느껴진다.

◀ 경주 98호 남분 유리병 및 잔
경주 황남대총 남분에서 출토된 병 1점과 잔 3점의 유리 제품.

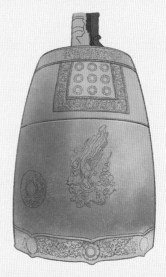

▶ 성덕대왕신종
통일신라 예술이 절정을 이루던 시기에 제작된 범종. 우리나라에 남아 있는 종 중 가장 크다. 에밀레종이라고도 한다.

17장

무대 위 해학과 풍류, 전통 공연예술

공연예술이란 무대처럼 공개된 자리에서 많은 사람들 앞에 연주하거나 상연, 가창 등의 방법으로 연출되는 음악·무용·연극, 그리고 탈춤이나 판소리 등 예술적 또는 오락적 관람물을 말한다.

인쇄화할 수 있는 문학과는 달리 무대 위 공연자를 통해 공연되는 동안만 존재하다가 공연이 끝나면 없어져 버리는 일회적인 예술이라고 할 수 있다. 즉 무대라는 공간적 제약과 공연 시간이라는 시간적 제약, 그리고 제작상의 여러 제약 때문에 그대로의 재건은 불가능하므로 가장 적합하고 적절한 표현 기법이 요구되는 예술이다. 우리 민족은 이러한 여러 어려움과 제약을 극복하면서 오랜 역사를 통해 공연예술의 각 분야를 빠짐없이 계승, 발전시켜 소중한 문화재로 승화시키며 보존해 오고 있다.

음악 분야를 살펴보면, 중국에서 들어온 당악唐樂과 아악雅樂, 그리고 우리 고유의 향악鄕樂이 유행하다가 조선 세종 때 박연朴堧이 아악을 정리, 궁중음악을 정비함으로써 우리나라 고유의 음악적 토대를 튼튼히 했으며, 조선 숙종 때는 판소리가 나와 서민들의 환영을 받았다.

무용에서는 궁중무용을 필두로 민속무용·가면무용·의식무용·창작무용 등이 나왔으며, 연극에서는 〈북청 사자놀음〉, 〈양주 별산대놀이〉 등의 탈놀이와 기타 민속극이 발달했다.

근대에 들어와 영화가 제작되기 시작해 나운규羅雲奎의 〈아리랑〉 같은 민족의식을 고취하는 영화가 나와 높은 인기를 얻었다.

고요와 절제의 춤, 궁중무용

궁중무용은 궁중에서 연회나 의식 때 추던 춤으로, 동작이 고요하고 우아하여 품위를 강조하는 것이 특징이다. 궁중무용은 국가 기관에 예속돼 보호를 받으며 오랜 세월 동안 체계적으로 역사를 이어 왔다.

궁중무용은 민간에서 연희되던 민속무용과 대응하는 춤으로, 그 개념은 왕권정치의 체제가 성립된 삼국시대 이후 나라의 각종 행사나 의식, 궁중 의례 등에 춤이 쓰이면서 틀이 잡혀가기 시작했다. 처음에는 의식의 한 절차로 만들어지고 연희되다가 세월이 흐름에 따라 본연의 목적인 의식과 행사는 소홀해지고 그에 따른 춤이나 음악만이 남아 독립적으로 발전하여 오늘에 이르고 있다.

궁중무용은 유형적 형태에 따라 당악무용唐樂舞踊과 향악무용鄕樂舞踊으로 나뉘는데, 당악무용은 11세기 고려 문종 때 중국 송나라로부터 도입된 춤으로 춤의 시작과 끝을 무용 도구의 하나인 죽간자竹竿子로 인도하고, 한문으로 된 노래 가사를 부른다. 향악무용은 한국 고유의 춤으로 15세기 조선 세종 이후 체계화됐으며 죽간자의 인도 없이 무대에 등장하여 한글 가사로 된 노래를 부르다가 꿇어앉아 엎드려 절하고 일어나 퇴장하는 춤이다. 그러나 조선 말에 이르러 이 두 형식의 무용 구별은 없어지고 춤다운 춤, 즉 민족적 정서를 살린 한국 고유의 예술성을 형상화하는데 성공했다.

춘앵무
조선 순조 때 창작, 지금까지 전승되는 궁중무용이다. 버드나무 가지에서 지저귀는 꾀꼬리 모습을 보고 만들었으며, 움직임이 거의 느껴지지 않는 절제된 동작이 특징이다.

고이 접어 나빌레라, 승무

승무僧舞는 장삼에 고깔을 쓰고 북채를 쥐고 추는 민속춤으로, 한국 무용의 정수를 잘 표현해 민속춤 중 가장 예술성이 높다는 평가를 받는다.

춤추는 이의 복장은 대개 날렵하게 걷어 올린 남색 치마에 흰 저고리와 흰 장삼을 입고, 머리에는 흰 고깔을, 어깨에는 붉은 가사를 걸쳤으며, 양손에는 북채를 들고 절제된 춤사위를 보인다. 북채로 북을 칠 때 관객을 등진다든지 머리에 고깔을 써서 얼굴을 확연히 볼 수 없게 한 점 등은 관객에게 자신을 내세우지 않으려는 것이며 예술 본연의 멋을 자아낸다.

승무의 연원에 관해서는 여러 가지 주장이 제기되고 있는데, 현재는 불교 의식 무용 중 법고 춤에서 유래했다는 설이 유력하다. 승무의 아름다움은 정면을 등지고 양팔을 서서히 무겁게 올릴 때 생기는 유연한 능선에 나타날 뿐 아니라, 긴 장삼을 얼기설기하여 공간으로 뿌리치는 춤사위와 하늘을 향해 길게 솟구치는 장삼자락 등도 볼 만하다.

반주하는 악기는 피리 2, 대금 1, 장구 1, 북 1의 편성이고, 악곡은 염불·타령·자진모리·굿거리·당악 등이며, 이에 맞추어 비스듬히 내딛는 걸음걸이로 미끄러지듯 내딛다가 날 듯하는 세련미가 돋보인다.

승무
생명이 태어나고 자라서 열매를 맺은 뒤 다시 처음으로
돌아가는 본성을 형상화한 춤이다.

예와 악의 조화, 『악학궤범』

『악학궤범樂學軌範』은 1493년(성종 24년)에 성현成俔 등이 왕명에 따라 펴낸 음악서이다. 음악의 원리, 악기 배열, 무용 절차, 악기 등에 대해 서술돼 있으며, 궁중 의식에서 연주하던 음악이 그림으로 풀이돼 있다. 또한 백제 가요 〈정읍사井邑詞〉와 〈동동動動〉이 처음 실려 있어 음악사는 물론 문학사적으로도 높이 평가받는다.

편찬자 성현(1439~1504)은 성종 때 문신으로 대사간과 대사헌을 지냈으며, 문장에 능통하고 음악에 정통하여 당시 장악원 제조提調로서 궁중음악의 실무를 담당하고 있어 주위의 추천을 받아 이 음악서 편찬을 주관했다. 성현은 『악학궤범』 서문에서 "당시의 자료들이 오랜 세월이 지나 헐었고, 요행히 보존된 것 역시 모두 소략하고 오류가 있으며 빠진 것이 많기 때문에 재정비하고 보충하고 바로잡을 목적으로 편찬하였다"고 밝히고 있다.

이처럼 이 음악서는 없어진 음악을 복구하는 실용적인 면에서뿐 아니라 학술적인 면에서도 중요시되며, 성종 당시의 음악을 기준으로 그 전과 이후의 음악을 비교, 연구하는 데 귀중한 자료가 된다. 특히 이와 같은 목적은 많은 자료가 소실된 임진왜란 이후에 훌륭하게 달성되었고, 1610년(광해군 2년)에는 궁중음악의 복구를 위해 복각해 현재까지 보존되고 있다.

연화대무

『악학궤범』에 전하는 궁중무용. 지상에 내려온 선녀들이 어진 임금의 성품에 감동해 춤과 노래로 보답하고 하늘로 돌아간다는 내용이다. 고려시대부터 조선 후기까지 오랫동안 전승돼 왔다.

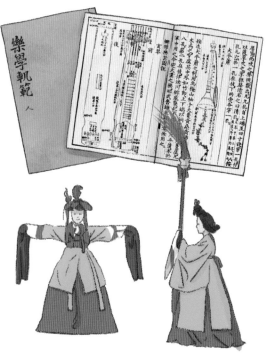

| 향피리에서 편경까지, 갖가지 재료의 국악기

우리나라 고유의 전통 음악인 국악을 연주하는 데 쓰이는 국악기는 삼국시대를 전후해 우리나라에서 만들어져 전해 오는 고유한 악기와 역대 중국을 비롯해 서역 및 기타 지역에서 수입한 외래 악기를 포함한 60여 종이 전해온다.

국악기의 분류는 현재 널리 통용되는 관악기·현악기·타악기로 나눌 수 있고, 음악의 계통에 따라서는 고려 때 중국 송나라에서 들어온 아악雅樂에 쓰이는 아악기, 통일신라 때 중국 당나라에서 들어온 당악唐樂에 쓰이는 당악기, 우리 고유의 전통 향악鄕樂에 쓰이는 향악기로 분류된다.

제작 재료에 따라서도 분류한다. 쇠붙이로 만든 금부金部 악기인 편종·징·꽹과리·자바라 등과, 돌을 깎아 만든 석부石部 악기인 특경·편경, 명주실을 꼬아 만든 사부絲部 악기인 거문고·가야금·대쟁·아쟁·당비파·해금, 흙을 구워 만든 토부土部 악기인 나각·훈·부, 대나무로 만든 죽부竹部 악기인 대금·향피리·퉁소·당피리, 나무를 재료로 만든 목부木部 악기인 어·축·박, 바가지를 재료로 만든 포부匏部 악기인 생황, 둥그런 통에 가죽을 씌워 만든 혁부革部 악기인 장고·진고·갈고·영고 등이 있다.

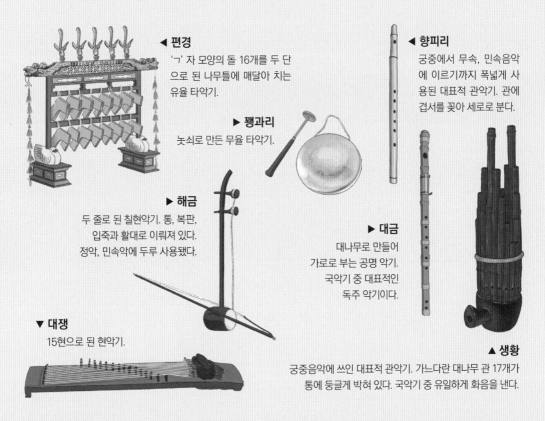

◀ 편경
'ㄱ' 자 모양의 돌 16개를 두 단으로 된 나무틀에 매달아 치는 유율 타악기.

▶ 꽹과리
놋쇠로 만든 무율 타악기.

◀ 향피리
궁중에서 무속, 민속음악에 이르기까지 폭넓게 사용된 대표적 관악기. 관에 겹서를 꽂아 세로로 분다.

▶ 해금
두 줄로 된 칠현악기. 통, 복판, 입죽과 활대로 이뤄져 있다. 정악, 민속악에 두루 사용됐다.

▶ 대금
대나무로 만들어 가로로 부는 공명 악기. 국악기 중 대표적인 독주 악기이다.

▼ 대쟁
15현으로 된 현악기.

▲ 생황
궁중음악에 쓰인 대표적 관악기. 가느다란 대나무 관 17개가 통에 둥글게 박혀 있다. 국악기 중 유일하게 화음을 낸다.

한민족의 음악언어, 판소리

판소리는 소리꾼과 북 치는 사람이 음악적 이야기를 엮어 가며 말로 재미있게 풀어가는 우리 고유의 민속악으로, "여러 사람이 모인 장소에서 부르는 노래"라는 뜻으로 해석하는 학설이 있다.

판소리는 18세기 조선 숙종 말기에서 영조 초기에 걸쳐 발생해 서민들 사이에서 구전으로 전해졌는데, 전통적으로 광대라고 불리는 하층 계급 예능인들에 의해 전승돼 오면서 평민 예술의 바탕을 지니면서도 다양한 계층의 청중을 포용하는 유연성을 띠었다.

경기도와 충청도, 전라도 지역에서 주로 전승된 판소리는 지역적 창법의 특성에 따라 세 유파로 나뉜다. 먼저 전라도 동북 지역의 판소리는 동편제東便制라 부르며 발성을 무겁게 하고 소리의 꼬리를 짧게 끊어 굵고 웅장한 시김새로 짜여 있으며, 전라도 서북 지역의 것은 서편제西便制라 부르며 발성을 가볍게 하고 소리의 꼬리를 길게 늘이고 정교한 시김새로 짜여 있다. 경기도와 충청도의 중고제中高制는 동편제 소리에 더 가까우나 소박한 시김새로 짜여 있어 성량이 풍부한 소리꾼이 부르기에 좋은 판소리다.

판소리가 발생할 당시는 한 마당의 길이가 그리 길지 않아서 '판소리 열두 마당'이라 하여 그 수가 많았으나 근래에 오면서 충효 등 조선시대의 가치관을 담은 〈춘향가〉, 〈심청가〉, 〈흥보가〉, 〈수궁가〉, 〈적벽가〉만이 예술적인 음악으로 가다듬은 '판소리 다섯 마당'으로 정착됐다.

판소리
"한민족의 다양한 음악언어와 표현 방법이 결집"된 민속악.
구비 서사문학의 독특한 형태이기도 하다.

연희와 풍자가 넘치는 우리 연극

연극은 배우가 특정한 장소에서 관객과 직접 만나는 무대예술이다. 우리나라 연극의 기원은 고대의 제사 의식에서 찾을 수 있으며, 신라의 〈처용무處容舞〉는 음악과 무용, 연극적 요소가 모두 포함된 연희였다. 고려시대에는 팔관회八關會와 연등회燃燈會 같은 국가적 행사에서 연희된 〈산디놀음〉과 가면을 쓰고 주문을 외우며 악귀를 쫓아내는 행사인 〈나례儺禮〉에서 그 모습을 찾을 수 있는데, 이 시기에 재인才人이나 광대廣大 등 배우와 그 부류를 지칭하는 명칭이 처음 등장했다.

조선시대에도 사신 영접과 공적인 행사를 위해 산대도감山臺都監까지 설치한 적이 있으나 중기 이후 폐지됐고, 서민들 사이에 가면극이 퍼져 〈양주 별산대놀이〉와 〈송파 산대놀이〉, 〈봉산 탈춤〉과 〈강령 탈춤〉, 〈은율 탈춤〉, 〈통영 오광대〉와 〈고성 오광대〉, 〈가산 오광대〉, 〈수영 야류〉, 〈동래 야류〉 등이 유행했다.

그러나 이러한 전통 연극의 여러 형태는 조선시대의 종식과 더불어 소멸의 길을 걸었고, 신문화의 도입과 함께 신연극新演劇이 시작됐다. 1908년 이인직李人稙이 원각사圓覺社를 개설하여 〈은세계銀世界〉를 공연하고, 1923년에는 신극 극단인 토월회土月會가 구성돼 신파극에 대항하여 신극 운동을 벌였으며, 1931년에는 극예술연구회劇藝術硏究會가 발족돼 연극 발전에 박차를 가했다. 그러나 1940년을 전후해 일제의 가혹한 문화 탄압으로 연극이 어용화되는 결과를 가져왔고, 8·15 광복 후에야 비로소 우리나라 연극은 활기를 되찾았다.

양주 별산대놀이
경기도 양주에 전승되는 가면극. 권위적인 양반 계층을 풍자하고 곤궁한 서민 생활을 보여 주는 놀이다.

탈놀이, 평민의 고락을 함께하다

탈놀이는 탈을 쓰고 하는 놀이로, 탈놀음·탈춤·가면극이라고도 한다. 한 사람 또는 여러 사람이 가면으로 얼굴이나 머리 전체를 가리고 본래의 얼굴과는 다른 인물이나 동물, 초자연적인 신 등으로 분장하여 극적인 장면을 연출한다.

처음에는 궁중 행사에서 광대들이 공연하는 정도였으나 조선 후기에는 민중 문화로 발전하여 양반을 풍자하거나 민중들의 고달픈 삶을 해학적으로 그려 서민들의 한과 고락을 풀어주는 구실을 했다. 이렇게 탈놀이가 민간에 널리 보급되면서 전성기를 맞게 되고, 나중에는 전국 곳곳을 돌아다니며 전문적으로 연행하는 집단도 생겨나 탈놀이가 전국에 퍼지게 됐다. 대표적인 탈놀이로는 양주 별산대놀이, 하회 별신굿놀이, 북청 사자놀음, 봉산 탈춤, 은율 탈춤, 통영 오광대, 고성 오광대, 가산 오광대, 동래 야류, 강령 탈춤, 수영 야류, 송파 산대놀이 등이 있다.

탈놀이의 주요 내용이 지배층이나 특권층을 풍자하는 것이고, 특히 조선 후기에는 무능하고 부패한 양반이나 계율을 어기고 문란한 생활을 하는 파계승을 조롱하고 가난한 서민들의 생활 모습을 적나라하게 연출하자 관중들은 이에 호응하면서 평소 억눌렸던 감정을 풀어버리고 함께 즐길 수 있었다.

▶ **각시탈**
하회 별신굿에 등장하는 탈. 하회탈에서 양반탈과 함께 가장 많이 알려졌다.

◀ **양반탈**
경북 안동 하회리에서 정월 초하루부터 보름까지 마을굿(별신굿)을 지낼 때 등장하는 탈. 하회 별신굿에 등장하는 탈은 국보로 지정돼 있다.

◀ **부네탈**
탈놀이의 주요인물 중 하나. 과부, 기생, 양반의 첩으로 등장한다.

◀ 눈꿈뻑이탈
사람이나 도깨비의 얼굴을
표현한 탈.

◀ 말뚝이탈
코가 이마부터 입까지 길게 늘어져
있어 남성의 성기를 과장한 모습이
다. 다산과 풍요를 기원하는 민중의식
이 반영된 탈이다.

▶ 방상씨탈
섣달그믐 묵은 해의 귀신을 쫓는
나례儺禮 의식을 할 때 쓰는 탈.

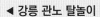

▶ 봉산 탈춤
황해도 봉산에 전승돼 온 가면극으로,
오락성괴 예술성이 그 어느 기면극보다 강히다.

◀ 강릉 관노 탈놀이
강릉 지역 관노官奴들이 단오제 때
가면을 쓰고 펼치는 탈놀이. 우리나
라 가면극 중 유일한 무언극이다.

◀ 고성 오광대
경남 고성에 전승되는 탈놀이. 유랑 예인집단
공연에서 유래했으며, 다섯 광대가 나오는 다섯
마당으로 구성된다.

▲ 북청 사자놀음
함남 북청군에서 정월대보름에
사자탈을 쓰고 노는 민속놀이.

근대 우리 영화가 탄생하다

우리나라에서 영화映畫는 1906년 한미전기회사가 전차 승객을 늘리기 위해 동대문 안에 활동사진관람소를 만들고 미국 영화를 상영한 것이 최초이다. 이후 1907년에 단성사團成社를 비롯한 광무대光武臺, 장안사長安社 등의 영화관이 설립돼 영화를 상영하기 시작했고, 1919년 10월 27일에는 한국인의 출자와 감독, 배우가 힘을 모은 〈의리적義理的 구투仇鬪〉가 최초로 제작 상영됐으며, 이날을 한국 영화의 시발점으로 삼고 있다.

1923년에는 극영화로서 한국 영화의 효시라 할 수 있는 윤백남尹白南의 〈월하의 맹세〉가 제작돼 무성영화의 막을 열었고, 같은 해 제작된 〈춘향전〉은 한국 배우가 출연해 한국 관객을 상대로 상영된 첫 영화였다. 1924년 제작된 〈장화홍련전〉은 제작·자본·시나리오·연출·연기·기술 등 모든 것이 우리 손에 의해 이루어진 첫 작품이었으며, 1926년에는 나운규羅雲奎가 〈아리랑〉에서 시나리오와 감독, 주연배우를 겸하여 강렬한 개성을 영화 속에 부각시킴으로써 처음으로 한국 영화를 예술의 경지로 끌어올린 업적을 남겼다.

1935년에 만들어진 이용우李用雨 감독의 〈춘향전〉은 한국 영화 최초의 발성 영화로 단성사에서 개봉, 흥행적으로 성공을 거두면서 이후 수많은 영화 작품이 제작되는 붐을 이뤘다. 그러나 1940년대에 들어서는 일제가 대륙 침략 전쟁을 계기로 영화도 전쟁에 협력케 하는 이른바 합작 영화 제작을 강조하고 영화사도 당국의 전유물로 삼아 탄압했다. 이러한 현상은 1945년 광복 때까지 계속됐으며, 1946년에 해방의 기쁨을 그대로 표현한 최인규崔寅奎 감독의 〈자유만세〉가 개봉됨으로써 영화계에 청신호를 올리고 이후 비약적인 발전을 이루는 계기를 마련했다.

아리랑
단성사 개봉 이후 신드롬을 일으킨
나운규 감독의 영화 〈아리랑〉 포스터.

참고한 자료들

『건축용어사전』(대한건축학회, 1985)
『교육학용어사전』(서울대학교 교육연구소, 1995)
『국방과학기술용어사전』(국방기술진흥연구소, 2012)
『국학도감』(일조각, 1970)
『문학비평용어사전』(한국문학평론가협회, 2006)
『문화재대관』(문화재청, 2006)
『미술은 아름다운 생명체다』(다할미디어, 2001)
『민화는 민화다』(다할미디어, 2017)
『사진과 해설로 보는 온양민속박물관』(온양민속박물관, 1996)
『시사경제용어사전』(기획재정부, 2011)
『원불교대사전』(원광대학교, 2013)
『원색세계대백과사전』(동아출판사, 1983)
『이렇게 귀여운 어린이 옷』(한국자수박물관, 2013)
『조선공예의 아름다움-혜곡 최순우 선생 탄생 100주년 기념전』(가나문화재단, 2016)
『조선시대 풍속화』(국립중앙박물관, 2002)
『종교학대사전』(한국사전연구사, 1998)
『지리용어사전』(신원문화사, 2002)
『지식경제용어사전』(산업통상자원부, 2010)
『표준국어대사전』(국립국어원, 두산동아, 1999)
『한국고고학사전』(국립문화재연구소, 2001)
『한국고전용어사전』(세종대왕기념사업회, 2001)
『한국불교사 산책』(우리출판사, 1995)
『한국미의 재발견 시리즈』(솔출판사, 2004)
『한국민속문학사전』(국립민속박물관, 2013)
『한국민족문화대백과사전』(한국정신문화연구원, 1991)
『한국복식사전』(민속원, 2015)
『한국인의 일생의례』(국립문화재연구소, 2011)
『한민족역사문화도감』(국립민속박물관, 2005)
『한의학대사전』(정담, 2001)
『해양과학용어사전』(한국해양학회, 2005)
『향토문화전자대전』(한국학중앙연구원 2005~)
『황실복식의 품위』(궁중유물전시관, 2002)

국립고궁박물관 https://www.gogung.go.kr
국립민속박물관 https://www.nfm.go.kr
국립중앙박물관 https://www.museum.go.kr
두산백과 두피디아 https://www.doopedia.co.kr
문화재청 https://www.cha.go.kr
서울대학교 규장각 한국학연구원 https://kyu.snu.ac.kr
서울역사박물관 https://museum.seoul.go.kr
서울한옥포털 https://hanok.seoul.go.kr
한국민족문화대백과사전 http://encykorea.aks.ac.kr
한국학중앙연구원 https://www.aks.ac.kr

편찬위원

김성재 | 김이숙
류점기 | 손우호
유남해 | 유애령
임채욱 | 정경란
정동화 | 조춘용

그림으로 보는 한국학

2022년 8월 20일 초판 1쇄 인쇄
2022년 8월 30일 초판 1쇄 발행

펴 낸 이 김영애
지 은 이 백태남·강병수
일러스트 이영·이유리·하수민
편   집 김배경
디 자 인 엄인향

펴 낸 곳 SniFactory(에스앤아이팩토리)
등   록 2013년 6월 30일 | 제2013-000136호
주   소 서울강남구 삼성로 96길 6 엘지트윈텔1차 1210호
          http://www.snifactory.com | dahal@dahal.co.kr
전   화 02-517-9385
팩   스 02-517-9386

ISBN 979-11-91656-21-3(06910)
ⓒ 백태남·강병수, 2022

값 25,000원

* 이 도서는 한국출판문화산업진흥원의 '2022년 중소출판사 출판콘텐
츠 창작 지원 사업'의 일환으로 국민체육진흥기금을 지원받아 제작되었
습니다.